Babette Geiger

Die ultimative Suppen-Diät

Babette Geiger

Die ultimative SUPPEN-DIÄT

MOEWIG

Die Ratschläge in diesem Buch wurden von Autorin und Verlag sorgfältig erwogen und geprüft, dennoch kann eine Garantie nicht übernommen werden. Eine Haftung der Autorin bzw. des Verlags und seiner Beauftragten für Personen-, Sach- oder Vermögensschäden ist ausgeschlossen.

Dieses Werk berücksichtigt die neue deutsche Rechtschreibung.

Fotos:
Pabel-Moewig Verlag KG: Seite 8–9, 16, 20–21, 36, 41, 52, 88; StockFood.de: Eising, Seite 17 und 95; Kaktusfactory/N. Lippert, Seite 24; B. Winkelmann, Seite 27; F. Volk, Seite 29; Z. Sandmann/Cimbal, Seite 39; L. Ellert, Seite 43; M. Paul, Seite 46 und 60; L. Lister, Seite 50; B. Sporrer, Seite 58; P. Nilsson, Seite 66; N. Leser, Seite 70; J. Cazals, Seite 75; B. Da Costa, Seite 80; M. Urban, Seite 93

www.moewig.de
Originalausgabe

Printed in Germany
ISBN: 978-3-8118-1861-3

INHALT

Die Suppendiät

INHALT

Die Suppendiät

INHALT

So löffeln Sie sich schlank

Sie möchten abnehmen? Sie wollen auf einfache Weise an den richtigen Stellen abspecken und sich leichter, vitaler und rundum fitter fühlen? Dann ist die ultimative Suppendiät vielleicht genau das Richtige für Sie. Vor allem dann, wenn Sie keine Lust auf Kalorienzählen und umständliche Berechnungsformeln haben. Und wenn Sie beim Abnehmen außerdem auf Genuss setzen und Ihre Gesundheit Ihnen so wichtig ist, dass Sie lieber auf riskante Crash-Diäten und unliebsame Jojo-Effekte verzichten, ist »Suppenfasten« wahrscheinlich die beste aller Möglichkeiten, die Pfunde purzeln zu lassen …

Die ultimative Suppendiät bietet Ihnen 28 leckere Suppenrezepte aus aller Welt. Diese 28 Rezepte bilden die Grundlage für eine 14-tägige Diät – wobei Sie jeweils mittags und abends eine Suppe essen und auf feste Nahrung verzichten. Doch keine Angst: Für Abwechslung ohne Hungergefühle ist dabei gesorgt! Ob *Minestrone Amalfi*, *Bouillabaisse provençale* oder *Chinesische Ingwersuppe* – lassen Sie sich zu einer kulinarischen (Suppen)-Reise rund um den Globus verführen. Und wenn Sie möchten, können Sie die Diät später in abgemilderter Form auch problemlos im Alltag weiterführen – nicht indem Sie immer, aber indem Sie immer öfter zum Löffel greifen und die Ernährungsumstellung auf Suppenbasis nutzen, um nicht nur schlank zu werden, sondern es auch zu bleiben.

Immer nur Kohlsuppe? – Wie alles anfing

Ich muss es zugeben: Ich esse für mein Leben gern. Natürlich nicht einfach alles, was auf den Tisch kommt – das wäre ja schnell langweilig. Aber wenn es um unbekannte Leckereien und Köstlichkeiten aus aller Welt geht, finden Sie mich an jedem Buffet ganz vorne in der ersten Reihe.

Die letzte Reise war besonders fatal: Drei Wochen lang auf Tapas-Tour durch Spanien – wer könnte da schon widerstehen? Im Wechsel zwischen luftigen Sommerkleidchen und dehnbaren Bikinis ist es mir erst nicht einmal aufgefallen – doch als ich dann wieder zuhause in Deutschland war und in keine Hose mehr passen wollte, war es völlig klar: nun war endgültig Abspecken angesagt!

Gesagt, getan! Und da alle Welt von der effektiven Kohlsuppe schwärmt, wollte ich ebenfalls mein Glück damit versuchen ... und bin damit dann leider kläglich gescheitert. Schon nach den ersten drei Tagen lief mir die Kohlsuppe aus den Ohren raus. Meine Geschmacksknospen schrien förmlich nach Abwechslung. Wo waren all die kleinen Schlemmereien geblieben? Und die exotischen Gewürze, die einem schon beim ersten Anblick das Wasser im Munde zusammenlaufen lassen? Wie sollte Kohl – und sei es in noch so vielen Variationen – meine kulinarischen Gelüste auf Dauer befriedigen? Und überhaupt: Warum eigentlich immer nur Kohl? Schließlich hatte ich rings um den Globus schon so viele leckere, abwechslungsreiche Suppen gegessen, die sicher genauso leicht und leicht-machend waren!

Neugierig begann ich, meine seit Jahren gesammelten Kochrezepte aus allen Ecken der Welt zu durchforsten und auf »Diättauglichkeit« zu überprüfen. Nach langem Suchen, Variieren und einigen unvermeidlichen lukullischen Ausrutschern habe ich sie dann schließlich gefunden: die perfekten Suppen, die die Pfunde zuverlässig schmelzen lassen und dabei so abwechslungsreich sind, dass auf der Zunge gar nicht erst Eintönigkeit aufkommt. Bei der Zusammenstellung habe ich ferner darauf

geachtet, ausschließlich Zutaten zu verwenden, die nicht nur schlank machen, sondern auch rundum gesund sind.
Keine Frage: Auch die Kohlsuppe ist ein effektiver Schlankmacher. Daher beginnt die Suppendiät auch mit einer besonders einfachen Variante der Kohlsuppe, die zeigt, dass Kartoffeln und Kohl ein perfektes Team sind. Doch wie heißt es so schön: Abwechslung ist das halbe Leben! Und so beginnt die Reise durch die Suppentöpfe der Welt zwar beim Kohl, endet aber ... – doch warum sollte ich Ihnen alles verraten? Am besten machen Sie sich gleich selbst auf den Weg und lassen sich überraschen.

Suppendiät – gesund, einfach und wirkungsvoll

Die Suppendiät ist keine extreme Crash-Diät, sondern gründet auf einem ausgewogenen, abwechslungsreichen Ernährungskonzept. Im Grunde handelt es sich dabei um eine besonders milde Form des Fastens, die dem Saftfasten ähnelt. Doch während Saftfasten sich eher für die wärmere Jahreszeit anbietet, ist die Suppendiät genau das Richtige für kalte Tage, da sie den Wärmehaushalt des Körpers unterstützt.
Die Suppendiät wirkt sich nicht nur auf Ihre Figur, sondern auch auf Ihre Gesundheit und Ihr Wohlbefinden aus. Während der 14-tägigen Kur nehmen Sie fast ausschließlich flüssige Nahrung zu sich – gleichzeitig verzichten Sie auf denaturierte Lebensmittel wie Zucker, Weißmehl oder Konserven sowie auch auf Alkohol (wenn möglich sollten Sie auch den Kaffeegenuss einstellen oder stark einschränken). Statt der weit verbreiteten Ernährungsweise, die meist eine viel zu große Menge an tierischen Fetten, tierischem Eiweiß, denaturierten Kohlenhydraten und chemischen Zusätzen enthält, führen Sie Ihrem Körper während der Suppendiät frisch gekochte Speisen mit einem hohen Anteil an Vitalstoffen zu. Ob »Ungarische Krautsuppe«, »Chinesische Ingwersuppe« oder »Pozole a la mexicana« – alle Suppen enthalten wertvolle Vitamine, Mineralstoffe, hochwertige pflanzliche Öle, Flavonoide und andere sekundäre Pflanzenstoffe, die die Zellen schützen.

Da die Suppendiät kalorienarm und reich an Mineralstoffen, Spurenelementen und sekundären Pflanzenstoffen ist, sind die Wirkungen entsprechend vielfältig.
Durch die Kur

- können Sie zwischen 4 und 8 kg abnehmen
- schützen Sie Ihr Immunsystem
- wird die Entgiftung des Organismus unterstützt
- kommt es zu einer Entlastung des Stoffwechsels
- werden die Verdauungsorgane entlastet
- können hohe Blutfettwerte nach unten korrigiert werden
- wird das Säure-Basen-Gleichgewicht harmonisiert
- werden Sie sich rundum leichter, vitaler und wohler fühlen

Tipps für die Praxis

Bei der Suppendiät essen Sie zwei Wochen lang zweimal täglich eine Suppe – dabei haben Sie drei Möglichkeiten:

1. Halten Sie sich einfach an die Reihenfolge der Rezepte im Buch – die Abwechslung ist dabei sehr groß, da Sie täglich zwei neue Rezepte kennen lernen.
2. Suchen Sie sich Ihre Lieblingssuppen heraus und setzen Sie diese besonders oft auf Ihren Diätplan.
3. Probieren Sie alle Suppen in beliebiger Reihenfolge aus.

Und das Frühstück?

Wenn Sie besonders schnell abnehmen möchten, sollten Sie morgens nur Kräutertee oder Grünen Tee (ungezuckert) trinken. Ansonsten empfehle ich Ihnen, zum Frühstück in die Obstschale zu greifen. Ob Äpfel, Trauben, Melone, Grapefruit, Orange, Aprikosen oder Nektarinen – alle Obstsorten eignen sich gut für einen vitaminreichen Start in den Tag. Außerdem liefern Früchte viele Ballaststoffe und halten den Darm auf Trab.

Der richtige Zeitpunkt

Natürlich sollten Sie die Suppendiät nicht durchführen, wenn Ihr Kalender mit Geschäftsterminen oder privaten Einladungen gespickt ist. Am besten ist es sicher, die Diät im Urlaub anzugehen. Andererseits können Sie mit der Suppendiät aber auch sehr flexibel umgehen – zum Beispiel können Sie Ihre Lieblingssuppe für zwei Tage vorkochen und sie in der Thermoskanne sogar mit ins Büro nehmen. Und auch im Restaurant gibt es auf der Karte immer eine Auswahl an Suppen, von denen einige gut zur Suppendiät passen dürften.

Obwohl Suppen in Mexiko, Thailand und vielen anderen Teilen der Welt auch bei extremer Hitze genossen werden, passt eine warme Suppe in unseren Breiten natürlich besonders gut zur kalten Jahreszeit. Ein guter Zeitpunkt für die Suppendiät ist der Übergang von Herbst zu Winter oder auch der Januar, der sich anbietet, um die Sünden der Weihnachtszeit wieder gutzumachen.

5 Suppendiät-Regeln

1. Essen Sie zwei Wochen lang zweimal täglich eine Suppe. Beschränken Sie sich möglichst auf die Suppenrezepte, die Sie in diesem Buch finden. Wenn Sie auswärts essen, können Sie aber notfalls auch auf »Fremdsuppen« aus Kantine oder Restaurant zugreifen.
2. Trinken Sie ausreichend! Obwohl die Suppendiät viel Flüssigkeit liefert, ist es wichtig, darüber hinaus noch mindestens 2 Liter zu trinken, um die Entgiftung zu unterstützen. Trinken Sie vor allem Wasser und Mineralwasser und ergänzen Sie hier und da durch Kräuter- und Früchtetees. Wenn Sie auf Kaffee- oder schwarzen Tee nicht verzichten wollen, so verzichten Sie zumindest auf Zucker und Sahne.
3. Streichen Sie während der Suppendiät Zucker, Weißmehlprodukte, Kuchen, Süßigkeiten wie Eis oder Schokolade, Snacks, Chips, Fast Food und Alkohol aus Ihrem Speiseplan.
4. Gerade während der Diät ist es wichtig, sich zwischendurch

immer wieder einmal eine Auszeit zu gönnen: Gehen Sie in die Sauna, lesen Sie ein schönes Buch oder strecken Sie einfach einmal alle Viere von sich und tun Sie rein gar nichts.

5. Die ideale Ergänzung zur Suppendiät heißt »Bewegung«. Keine Sorge – Sie müssen kein Sportler werden: Schon eine Walking-Runde im Park, eine kleine Fahrradtour oder ein Spaziergang an der frischen Luft sind Balsam für Körper und Seele.

Die Basis: Richtig Bouillon kochen

Ob man sie ganz einfach Brühe nennt oder etwas eleganter Bouillon oder sogar Fond: die Grundlage jeder guten Suppe ist praktisch immer eine bereits im Voraus gekochte Bouillon. Es gibt Bouillons verschiedenster Art: Hühnerbouillon, Rinderbouillon, Fischbouillon oder die universell einsetzbare Gemüsebouillon sind die häufigsten Vertreter. Je besser die Bouillon gelungen ist, desto geschmackvoller wird auch die Suppe. Falls Sie genug Zeit haben, ist eine selbst gemachte Bouillon daher jedem noch so guten Brühwürfel vorzuziehen.

Das Prinzip der Bouillon ist immer dasselbe: Sie wählen die passenden Zutaten aus und kochen sie so lange in Wasser, bis diese ihre Inhaltsstoffe und Aromen möglichst vollständig abgegeben haben. Dann müssen Sie das Kochgut nur noch heraussieben – und fertig ist die perfekte Bouillon! Je geschmackvoller und natürlicher die Zutaten, desto besser schmeckt das Ganze dann auch.

Selbstgekochte Bouillon hat den unschlagbaren Vorteil, dass Sie genau wissen, was drin ist – Unmengen an Salz oder Geschmacks-Verstärker, die Lust auf immer noch Mehr machen, brauchen Sie also nicht zu befürchten. Um Ihnen unnötigen Aufwand zu ersparen, habe ich für alle Suppen in diesem Buch entweder Gemüse- oder Hühnerbouillon ausgewählt. Die Grundrezepte dafür möchte ich Ihnen nun kurz vorstellen:

Suppen-Tipp

Bouillon lässt sich gut auf Vorrat zubereiten und kühlstellen oder einfrieren. Im Kühlschrank hält sie sich einige Tage frisch, im Tiefkühler können Sie sie bis zu drei Monate lang aufbewahren. Am einfachsten ist es, wenn Sie die Bouillon gleich in den später benötigten Mengen von jeweils einem halben oder dreiviertel Liter einfrieren, so dass Sie sie später portionsweise auftauen können.
Übrigens: Notfalls können Sie die Suppen natürlich auch mit Instant-Brühe zubereiten – am besten eignen sich dafür Brühwürfel oder Brühpulver in Bio-Qualität aus natürlichen Zutaten.

*

Gemüsebouillon – Grundrezept

Sie benötigen

- 4 große Möhren
- ½ Knollensellerie
- 1 Petersilienwurzel
- 2 große Zwiebeln
- 2 Stangen Lauch
- 1 Bund Petersilie
- 1 Zweig Thymian
- 2 Lorbeerblätter
- 2–3 Stängel Liebstöckel
- 2 EL Olivenöl
- ½ TL Salz

Vorbereitung

Waschen und schälen Sie die Möhren (biologisch angebaute müssen nicht geschält werden), den Knollensellerie, die Petersilienwurzel und schälen Sie die Zwiebeln. Waschen und putzen Sie den Lauch und schneiden Sie alles in Stücke. Brausen Sie die Kräuter gründlich ab, schütteln Sie sie gut trocken und hacken Sie sie grob.

So wird's gemacht

Erhitzen Sie das Öl in einem großen Topf und braten Sie Gemüse und Kräuter kurz darin an. Dann gießen Sie mit 5 l kaltem Wasser auf, geben das Salz dazu und bringen alles zum Kochen. Lassen Sie die Bouillon zugedeckt gut eine Stunde lang schwach köcheln. Die Bouillon danach etwas abkühlen lassen und sie durch ein feines Haarsieb abgießen, um die Gemüse- und Kräuterreste daraus zu entfernen. Lassen Sie die Bouillon völlig auskühlen, bevor Sie sie umfüllen und einfrieren.

Suppen-Tipp

Ganz nach Geschmack können Sie die Gemüsebouillon auch mit Rosmarin, Oregano oder Estragon zubereiten. Das ausgekochte Gemüse hat nicht mehr allzu viel Geschmack, Sie können sich daraus aber mit der eben gekochten Bouillon ein Gemüsesüppchen als sofortigen Lohn für Ihre Mühe zubereiten.

Hühnerbouillon – Grundrezept

Sie benötigen

- 1 küchenfertiges Suppenhuhn
- 3 Möhren
- ¼ Knollensellerie
- 2 Zwiebeln
- 1 Stange Lauch
- 1 Bund glatte Petersilie
- 2 Lorbeerblätter
- 1 Zweig Thymian
- 1 Zweig Rosmarin
- ½ TL Salz

Vorbereitung

Brausen Sie das Suppenhuhn unter fließendem Wasser ab und tupfen Sie es trocken. Waschen und schälen Sie Möhren, Knollensellerie und Zwiebeln, waschen und putzen Sie den Lauch und schneiden Sie alles klein. Brausen Sie die Kräuter ab, schütteln Sie sie gut trocken und hacken Sie sie grob.

So wird's gemacht

Geben Sie alle Zutaten in einen großen Topf und bedecken Sie sie mit 5 l kaltem Wasser. Bringen Sie das Wasser bei geschlossenem Deckel zum Kochen. Dann nehmen Sie den Deckel ab und lassen die Bouillon 2½ bis 3 Stunden lang bei schwacher Hitze köcheln. Schöpfen Sie dabei in der ersten Zeit regelmäßig mit einer Schaumkelle den Schaum ab, der sich auf der Wasseroberfläche bildet. Wenn sich kein Schaum mehr bildet, legen Sie den Deckel wieder so auf den Topf, dass ein Spalt offen bleibt. Nach dem Ende der Kochzeit heben Sie das Suppenhuhn aus dem Topf, lassen die Bouillon etwas abkühlen und gießen Sie durch ein feines Haarsieb ab.
Zuletzt müssen Sie die Hühnerbouillon noch entfetten: Lassen Sie sie erkalten und stellen Sie sie für kurze Zeit in den Kühlschrank, damit sich das Fett in einer Schicht an der Oberfläche absetzt. Dann heben Sie diese Fettschicht mit einem Löffel ab und gießen die Bouillon nochmals durch ein feines Haarsieb ab.
Auch die Hühnerbouillon frieren Sie am besten portionsweise ein, damit Sie immer nur die benötigte Menge auftauen müssen – Bouillon sollte nämlich nach dem Auftauen nicht wieder eingefroren werden. Wenn Sie gelegentlich kleinere Mengen Bouillon benötigen, um andere Gerichte damit zu verfeinern, verwenden Sie einfach einen Eiswürfelbehälter zum Einfrieren und wickeln die fertigen Bouillon-Eiswürfel zur weiteren Aufbewahrung in Frischhaltefolie. Noch einfacher ist es, wenn Sie gleich die praktischen Eiswürfel-Gefrierbeutel verwenden, aus denen Sie die benötigte Anzahl Eiswürfel einfach nur herausschneiden müssen.

Suppen-Tipp

Das ausgelöste Fleisch des Suppenhuhns können Sie übrigens ebenfalls weiterverwenden: Es hat zwar nicht mehr so viel Geschmack wie ein frisch als Suppen-Einlage zubereitetes Hühnerfilet, aber in Suppen und Eintöpfen mit anderen, geschmacksintensiven Zutaten macht das nichts. Wenn Sie es ebenfalls portionsweise einfrieren, haben Sie immer einen Vorrat, falls Ihnen an einem trüben Sonntagnachmittag plötzlich der Sinn nach Hühnersuppe steht.

Hühnersuppe als Medizin?

Hühnersuppen sind nicht nur sehr lecker, sie sind auch ein uraltes Stärkungsmittel für Kranke und Genesende. Das leicht verdauliche Hühnerfleisch und ein hoher Anteil an gesundem Gemüse versorgen den Körper mit allen Nährstoffen, die er braucht, und wenn man die fertige Suppe mit frischen, gehackten Kräutern bestreut, kommen auch die hitzeempfindlichen Vitamine dabei nicht zu kurz. Meine Großmutter hat immer gleich einen großen Topf Hühnersuppe aufgesetzt, wenn jemand in unserer Familie krank wurde – gute, mit viel Liebe gekochte Suppe war ihr Allheilmittel für alle Leiden von der Erkältung bis hin zum verdorbenen Magen. Damit war sie in guter Gesellschaft: In ganz Europa, Südamerika und in großen Teilen Asiens habe ich immer wieder Rezepte für Hühnersuppe als wertvolles Hausmittel gefunden.

28 magische Suppenrezepte für die schlanke Linie

Mit den folgenden 28 Rezepten lernen Sie im Nu viele verschiedene Küchen der Welt kennen – und zwar von ihrer leichtesten, bekömmlichsten und schmackhaftesten Seite. Dass Sie nebenbei auch noch einige Pfunde verlieren, wird Ihnen bei all den abwechslungsreichen Aromen und den vielfältigen Zutaten kaum auffallen. Und wenn Sie nach zwei Wochen kulinarisch wieder »zuhause« angekommen sind, werden Sie sicher auch weiterhin mit Ihren Lieblings-Suppen gerne in ferne Länder schweifen und damit spielend Ihre schlanke Linie pflegen!

Portugiesischer Caldo Verde

Sie benötigen

- 150 g Kartoffeln
- 250 g möglichst zarte Kohlblätter
- 3/4 l Gemüsebouillon
- 1 EL Olivenöl
- Salz, Pfeffer

Vorbereitung

Schälen Sie die Kartoffeln, schneiden Sie sie in gleichmäßig große Stücke, kochen Sie diese in Salzwasser weich und gießen Sie sie dann ab. Die Kohlblätter waschen Sie unter fließendem Wasser ab, bevor Sie die groben Rippen entfernen und das restliche Grün in feine Streifen schneiden.

So wird's gemacht

Zerdrücken Sie die Kartoffeln mit einem Kartoffelstampfer oder einer Gabel und fügen Sie dabei nach und nach die Gemüsebouillon hinzu, so dass Sie eine feine Kartoffelsuppe erhalten. Bringen Sie diese Kartoffelsuppe bei schwacher Hitze zum Kochen – dabei regelmäßig umrühren, damit sie nicht anbrennt. Sobald die Suppe kocht, geben Sie die Kohlstreifen und das Olivenöl hinein. Dann lassen Sie alles rund 15 Minuten lang unter regelmäßigem Rühren köcheln. Vor dem Servieren schmecken Sie die Suppe mit Salz und Pfeffer ab.

Suppen-Tipp

Für alle Suppen, die püriert werden, eignet sich am besten eine mehlige Kartoffelsorte. Als Einlage in eine klare Suppe bevorzuge ich dagegen vorwiegend festkochende oder festkochende Kartoffeln wie Maja, Christa, Granola oder Desirée, die auch gekocht einfach noch mehr Biss haben. Grüne Stellen und Triebe müssen Sie bei allen Sorten großzügig entfernen, da darin das gesundheitsschädliche Solanin konzentriert ist.

Nur nicht sauer werden!

Sauer macht lustig – aber nicht, wenn es um unser Säure-Basen-Gleichgewicht geht! Neueren Forschungen zufolge hat der Säure-Basen-Haushalt des Körpers eine viel größere Bedeutung als bisher von der Medizin angenommen. Alle Stoffwechselvorgänge benötigen einen bestimmten pH-Wert, um normal funktionieren zu können. Unser Körper produziert allerdings laufend saure Abfallprodukte, die den pH-Wert unaufhaltsam in Richtung Sauertopf verschieben. Normalerweise ist das kein Problem, da überschüssige Säuren über die Nieren und die Lunge ausgeschieden werden. Wenn aber über die Ernährung zusätzlich viele Säuren zugeführt werden, kann dieses System aus dem Gleichgewicht geraten.

Die beste Vorsorge gegen zu viel Säure im Körper ist jedoch ganz einfach: eine Ernährung mit Basen produzierenden Lebensmitteln, d. h. mit viel Gemüse und Obst. Kartoffeln sind ein besonders guter Basenlieferant. Wenn Sie darauf achten, sie mit ordentlich Grünzeug zu kombinieren, dann sind auch kleine Sünden in Form von Fleisch, Weißmehlprodukten oder Süßigkeiten und anderen Säurebildnern kein Problem.

*

Portugiesischer Fischtopf

Sie benötigen

- 1 kleine Zwiebel
- 1–2 Knoblauchzehen
- 200 g Tomaten
- ½ rote Paprikaschote
- ½ grüne Paprikaschote
- 100 g festkochende Kartoffeln
- Salz, Pfeffer
- 200 g Fischfilet (Seefisch)
- 2 EL Olivenöl
- 1 Lorbeerblatt
- ½ l Gemüsebouillon

Vorbereitung

Schälen Sie Zwiebel und Knoblauch, halbieren Sie sie und schneiden Sie beides in feine Scheiben. Waschen Sie die Tomaten, entfernen Sie Stielansatz und Kerne und schneiden Sie das Fruchtfleisch in grobe Stücke. Waschen und putzen Sie die Paprika und schneiden Sie sie in 2–3 cm lange Streifen. Schälen Sie die Kartoffeln und schneiden Sie sie in kleine Würfel. Zuletzt befreien Sie das Fischfilet falls nötig von letzten Gräten, spülen es kurz unter kaltem Wasser ab, tupfen es trocken und zerteilen es in 3–4 cm große Stücke.

So wird's gemacht

Geben Sie das Gemüse in einen breiten Topf, würzen Sie es mit Salz und Pfeffer, geben Sie das Olivenöl darüber und mischen Sie alles gut durch. Dann verteilen Sie die Fischstücke auf dem Gemüse, geben das Lorbeerblatt dazu und übergießen alles mit der Gemüsebouillon. Bringen Sie den Fischtopf bei mittlerer Hitze zum Kochen und lassen Sie alles etwa 20 Minuten lang köcheln, bis die Kartoffeln gar sind. Dabei nicht zu stark umrühren.

Suppen-Tipp

Der Lorbeer verleiht diesem Fischtopf nicht nur sein herbes Aroma, er macht ihn auch bekömmlicher und regt den Stoffwechsel an. Das Lorbeerblatt sollte aber nicht mitgegessen, sondern nach dem Kochen entfernt werden.

Die mediterrane Ernährung

Etliche Studien haben es inzwischen bewiesen: Die Essgewohnheiten der Menschen rund ums Mittelmeer helfen eindeutig dabei, gesund und schlank ein hohes Alter zu erreichen. Zwar wird auch bei ihnen mit zunehmendem Alter die Figur ein wenig rundlicher, wie man beim Strandurlaub an Adria und Costa del Sol leicht beobachten kann – aber trotzdem fallen mediterrane Fettpölsterchen weitaus dezenter aus als die Röllchen, die wir »Nordeuropäer« oft mit uns tragen.

Glücklicherweise verrät uns die Wissenschaft aber auch, was unsere südlichen Nachbarn denn anderes essen als wir: Grundlage der Mittelmeer-Ernährung sind bei aller kulinarischen Vielfalt an seinen Stränden doch immer viel frisches Obst und Gemüse, Getreideprodukte, Olivenöl, Hülsenfrüchte, Käse und Joghurt. Abgerundet wird das Ganze mit Kräutern und Gewürzen und meist auch dem einen oder anderen Gläschen Rotwein. Fleisch (vor allem rotes Fleisch) nimmt dagegen einen viel geringeren Stellenwert ein als im übrigen Europa; stattdessen steht regelmäßig frischer Fisch auf dem Speiseplan.

Der Olivenöl-Konsum ist zudem beachtlich. Nun ist Olivenöl (ebenso wie andere Fette) zwar relativ kalorienreich, doch dafür besteht es zu fast 70 Prozent aus gesunden, einfach ungesättigten Fettsäuren. Diese Fettsäuren reduzieren das »schlechte« LDL-Cholesterin, halten die Blutgefässe elastisch und stärken Nerven- und Gehirnfunktion – in Maßen genossen rundet Olivenöl jede gesunde Ernährung somit perfekt ab.

Was bei Berichten über die Mediterrane Ernährung allerdings oft verschwiegen wird, ist die Tatsache, dass nicht nur das Essen an sich, sondern auch die besondere Art, es zu genießen, eine große Rolle spielt: Rings um das Mittelmeer wird das Essen nicht einfach nur nebenbei erledigt, sondern so oft wie möglich geradezu zelebriert! Man trifft sich mit der Familie oder Freunden, genießt mit allen Sinnen und lässt es sich für eine Weile einfach so richtig gut gehen – und das macht jedes Essen nun einmal doppelt so gesund!

*

Bouillabaisse provençale

Sie benötigen

- 50 g Kartoffeln
- ¼ Stange Lauch
- 1 kleine Möhre
- 1 kleines Stück Knollensellerie
- 2 Tomaten
- 2 Schalotten
- 2 Knoblauchzehen
- 2 Blatt frischer Salbei
- ½ Bund Basilikum
- ¼ Bund glatte Petersilie
- 50 g Garnelen, küchenfertig
- 150 g Fischfilet (Seefisch)
- 2 EL Olivenöl
- ½ l Gemüsebouillon
- etwas Safran
- Salz, Pfeffer

Vorbereitung

Schälen Sie die Kartoffeln und schneiden Sie sie in gleichmäßige kleine Würfel. Waschen und putzen Sie den Lauch, die Möhren und den Sellerie und würfeln Sie sie fein. Waschen Sie die Tomaten, entfernen Sie Stielansatz und Kerne und würfeln Sie das Fruchtfleisch. Schälen Sie die Schalotten und den Knoblauch und hacken Sie beides fein. Waschen Sie Salbei, Basilikum und Petersilie, schütteln Sie alles gut trocken und hacken Sie es fein. Spülen Sie Garnelen und Fischfilet kurz unter kaltem Wasser ab, und zerkleinern Sie den Fisch zu etwa 2–3 cm großen Stücken – falls nötig, dabei noch Gräten entfernen!

So wird's gemacht

Erhitzen Sie das Olivenöl in einem breiten Topf, dünsten Sie Schalotten und Knoblauch darin an und gießen Sie mit Gemüsebouillon auf. Rühren Sie den Safran unter, bringen Sie die Bouillon zum Kochen, geben Sie die Kartoffel-Würfel hinein und lassen Sie sie 10 Minuten lang kochen. Dann geben Sie Lauch, Möhren, Sellerie, Garnelen und Fisch dazu und lassen alles weitere 10 Minuten köcheln. Zuletzt geben Sie die Kräuter und Tomatenstücke dazu, lassen die Suppe nochmals kurz aufkochen und schmecken sie mit Salz und Pfeffer ab.

Warum Fisch so gesund ist

Wenn Sie Ihrem Körper – und Ihrer schlanken Linie – öfter mal etwas Gutes tun wollen, sollten Sie regelmäßig Steak, Grillwürstchen und Co. durch frischen Fisch ersetzen. Fisch versorgt Sie mit hochwertigem Eiweiß, und vor allem Seefisch enthält viele wichtige Mineralstoffe und Spurenelemente – dabei haben die meisten Fischarten aber wesentlich weniger Kalorien als Schweine- oder Rindfleisch.
Das Beste am Fisch ist, dass sein – je nach Fischsorte – geringer Fettanteil auch noch sehr gesund ist: Die darin enthaltenen Omega-3-Fettsäuren schützen vor Herz-Kreislauf-Erkrankungen und stärken das Gehirn. Bei den Inuit, die sich in ihrer kargen Heimat rund um die Arktis vorwiegend von Fisch ernähren, waren Herzinfarkt und Co. daher lange Zeit praktisch unbekannt – bis sie durch den Kontakt mit unserer Zivilisation ihre Lebensweise und ihre Ernährungsgewohnheiten umzustellen begannen. Seefisch und andere Meerestiere versorgen uns darüber hinaus mit viel Jod – das sorgt dafür, dass der Stoffwechsel in Schwung bleibt und lästige Fettpölsterchen gar nicht erst auf unseren Hüften deponiert werden können.

*

Französische Zwiebelsuppe

Sie benötigen

- 400 g Zwiebeln
- 2 Knoblauchzehen
- 2 kleine Scheiben Weißbrot
- ¼ Bund Petersilie
- 2 EL Olivenöl
- Salz, Pfeffer
- ¾ l Gemüsebouillon

Vorbereitung

Schälen Sie die Zwiebeln, vierteln Sie sie der Länge nach und schneiden Sie sie in feine Scheiben. Schälen Sie die Knoblauch-

zehen und zerdrücken Sie sie mit der Knoblauchpresse. Schneiden Sie das Weißbrot in Würfel. Waschen Sie die Petersilie, schütteln Sie sie gut trocken und hacken Sie die Blätter schön fein.

So wird's gemacht

Erhitzen Sie das Olivenöl in einem Topf und dünsten Sie die Zwiebeln darin an, bis sie weich und ganz leicht goldbraun sind. Dann geben Sie den Knoblauch dazu, würzen mit etwas Salz und Pfeffer und gießen alles mit der Gemüsebouillon auf. Bringen Sie die Suppe zum Kochen und lassen Sie sie rund 20 Minuten lang köcheln. Währenddessen rösten Sie die Weißbrot-Würfel in einer beschichteten Pfanne ohne Fettzugabe (!) leicht an. Füllen Sie die fertige Zwiebelsuppe in den Teller oder eine Suppentasse, geben Sie die Weißbrot-Würfel darüber und bestreuen Sie sie nach Wunsch mit Petersilie.

Suppen-Tipp

Falls Sie zu den Unglücklichen gehören, die Zwiebeln überhaupt nicht vertragen, hilft leider nur eins: Ersetzen Sie diese Suppe durch einen Ihrer Favoriten unter den übrigen Rezepten im Buch. Probieren sollte sie aber trotzdem jeder einmal: Zwiebelsuppe ist nämlich viel schmackhafter als ihr Ruf und gedünstete Zwiebeln sind wesentlich bekömmlicher als rohe!

Zwiebeln haben es in sich

Die Zwiebel ist eine oft verkannte Wunderknolle, die in Teilen Asiens und im Mittelmeergebiet schon seit Menschengedenken kultiviert wird. Wer Zwiebeln wegen ihres manchmal starken Geruchs nicht mag, sollte dennoch bedenken: Gerade die schwefelhaltigen ätherischen Öle der Zwiebel (wie das Allicin), die für den scharfen Geruch verantwortlich sind, bringen die Körpersäfte und den Stoffwechsel in Schwung und sorgen dafür, dass Leber, Galle und Nieren entgiftet und Stoffwechselschlacken ausgeschieden werden. Das fördert nicht nur die Gesundheit, es sorgt auch für ein straffes Bindegewebe und schöne Haut – und sogar für eine wohlgeformte Figur.

Zwiebeln gibt es übrigens in verschiedensten, schmackhaften

Sorten, und wer sich mit der allgegenwärtigen braunen Küchenzwiebel nicht recht anfreunden kann, der sollte einmal milde rote oder weiße Gemüsezwiebeln probieren oder zu feinen kleinen Schalotten greifen.

*

Wissen Sie, was ich mich nach jeder Reise durch Frankreich immer wieder aufs Neue frage? Ich zerbreche mir den Kopf, wie es die Französinnen nur schaffen, bei all den Croissants, Cafés au lait, Pralinés und dem feinen Wein so rank und schlank zu bleiben. Wenn ich in Frankreich leben würde, hätte ich allein schon durch die Croissants und Brioches zum Frühstück in kurzer Zeit einige Kilos mehr auf den Hüften. Und wahrscheinlich würde ich dann auch keine Bücher über gesunde, leichte Ernährung schreiben, sondern einen kleinen Feinkostladen betreiben – mit mir selbst als bester Kundin …

Inzwischen habe ich viele Französinnen nach dem Geheimnis ihrer guten Figur befragt, und langsam ist mir klar geworden, dass die typische Französin gar keine Zeit zum Dickwerden hat – sie ist nämlich immer damit beschäftigt, ihre nächste Verabredung zu einem Tässchen Café oder einer kleinen Leckerei einzuhalten …

Doch Spaß beiseite: Ich glaube, das wirkliche Geheimnis der vielen schlanken Frauen in Frankreich liegt nicht nur in ihrem berühmten Esprit, der sie davon abhält, lange stillzusitzen, sondern in ihrer meist sehr ausgewogenen Ernährung. Nicht umsonst gilt Frankreich als Land der Gourmets. Den Franzosen liegt tatsächlich unheimlich viel daran, ihren Geschmackssinn zu verwöhnen. Qualität ist ihnen wichtiger als Quantität – und so entscheiden Sie sich lieber für eine einzelne feine Praline als für eine ganze Tafel Schokolade, lieber für ein kleines Gläschen Wein als für einen Liter Limonade. Kein Wunder also, dass auch die Nouvelle Cuisine mit ihren kunstvoll angerichteten Mini-Portiönchen auf riesigen Tellern aus Frankreich stammt.

Die Franzosen sind wahre Weltmeister darin, ihre Mahlzeiten in die Länge zu ziehen: Wer schon einmal zu einem französischen Abendessen eingeladen war, das sich von kleinen Amuse-

Gueules über verschiedene Hauptspeisen bis hin zur süßen Nachspeise und der obligatorischen abschließenden Käseplatte erstreckt, der weiß, was Genießen heißt, und dass es dabei eben nicht darum geht, sich den Bauch vollzuschlagen.
Hinzu kommt, dass die französische Küche einfach nicht zum Dickmachen neigt. Viel Gemüse, aromatische Kräuter und eine raffinierte Zubereitung führen auch bei leichter Kost zu einem Maximum an Genuss. Und wenn doch einmal eine fetttriefende Kalorienbombe auf den Tisch kommt, dann meist auf Basis von gesundem Olivenöl, das den Organismus bei weitem nicht so belastet wie tierische Fette. Außerdem werden zu schweren Speisen besonders leichte Beilagen gereicht. Falls das aber einmal nicht ausreicht, um die kleinen Sünden auszugleichen, wird am nächsten Tag eben auf das 5-Gänge-Menü verzichtet, und man begnügt sich mit einer leckeren Zwiebelsuppe oder anderen Schlankmachern.

*

Minestrone Amalfi

Sie benötigen

- 100 g Zucchini
- ½ rote Paprika
- ¼ Stange Lauch
- 1 Tomate
- 1 Knoblauchzehe
- 3–4 Blätter Basilikum
- 2–3 Blätter Salbei
- ½ TL frische Rosmarinblätter
- 50 g Erbsen (tiefgekühlt oder aus der Dose)
- 50 g weiße Bohnen, gekocht
- 2 EL Olivenöl
- ½ l Gemüsebouillon
- ½ TL getrockneter Thymian
- 50 g Muschelnudeln (ohne Ei)
- 1 TL geriebener Parmesan

Vorbereitung

Waschen und putzen Sie Zucchini und Paprika und würfeln Sie sie fein. Waschen und putzen Sie den Lauch, halbieren Sie ihn und schneiden Sie ihn in feine Ringe. Tauchen Sie die Tomate kurz in kochendes Wasser, ziehen Sie die Haut ab, entfernen Sie Stielansatz und Kerne und würfeln Sie das Fruchtfleisch fein. Schälen Sie den Knoblauch und hacken Sie ihn fein. Waschen Sie Basilikum, Salbei und Rosmarin, schütteln Sie sie gut trocken und hacken Sie alles fein. Falls Sie Erbsen und Bohnen aus der Dose verwenden, gießen Sie sie in einem Sieb ab und spülen Sie sie unter fließendem Wasser.

So wird's gemacht

Erhitzen Sie das Olivenöl in einem großen Topf, geben Sie Zucchini, Paprika, Lauch und Knoblauch hinein und dünsten Sie alles kurz an. Dann gießen Sie mit der Gemüsebouillon auf, bringen sie zum Kochen und lassen sie rund 15 Minuten lang bei mittlerer Hitze köcheln. Geben Sie Thymian, Salbei, Rosmarin, Tomaten, Bohnen, Erbsen und die Muschelnudeln in die Suppe und lassen Sie sie etwa 10 Minuten weiter köcheln, bis die Nudeln gar sind. Dann geben Sie die Suppe in den Teller und bestreuen sie mit Basilikum und Parmesan.

Aromatische Kräuter – nicht nur eine Wohltat für den Gaumen

Petersilie, Schnittlauch, Basilikum oder Dill – aromatische Kräuter gehören in jede Küche und geben vielen Gerichten erst den letzten Schliff. Kräuter sind aber nicht nur eine Wohltat für den Gaumen, sie stecken auch voller gesunder Inhaltsstoffe: Ihre ätherischen Öle regen die Verdauung und die Entgiftung an, sie versorgen uns mit Vitaminen, Spurenelementen, Mineralstoffen und sekundären Pflanzenstoffen, und manche Kräuter besitzen sogar antiseptische Wirkung. Damit sie ihre Wirkung voll entfalten können, sollten Sie Kräuter aber immer so frisch wie möglich einsetzen – am besten direkt von der Fensterbank oder aus dem

Kräutergarten. Getrocknete oder tiefgefrorene Kräuter sind zwar im Notfall besser als gar keine, aber sie sollten nicht zu lange gelagert werden, um nicht auch noch die letzten Inhaltsstoffe zu verlieren.

*

Ist Ihnen auch schon einmal aufgefallen, dass man in praktisch jedem italienischen Kochbuch ein Rezept für Minestrone findet, aber dass es keine zwei Rezepte gibt, die sich genau gleichen? Minestrone ist eigentlich keine eigene Suppe, sondern vielmehr ein Phänomen: Jede Region Italiens und jeder, der regelmäßig italienisch kocht, hat sein eigenes Minestrone-Rezept.

Ein Blick in den Minestrone-Topf kann Ihnen viel über Ihren Gastgeber verraten. Wenn es sich um echte Italiener handelt, finden Sie im Handumdrehen (oder spätestens nach einigen Löffeln) heraus, woher die Familie stammt: Speck und eventuell auch Kohl in der Minestrone deuten auf Südtirol, Friaul oder die Gegend um Venedig hin. Wenn sich gefüllte Nudeln wie Tortellini in der Suppe finden, ist dagegen eher die Lombardei oder Ligurien die Heimat des Rezepts. In der Emilia-Romagna wurde der Grundstein dafür gelegt, die Minestrone mit etwas Parmesan zu bestreuen, was sich aber inzwischen auch in südlicheren Teilen Italiens durchgesetzt hat. Hier ist die Minestrone oft sehr reichlich mit flachen, einfachen Nudelsorten angefüllt.

In Ihrer Minestrone finden sich Pilze und besonders viele aromatische Kräuter, wie Salbei, Majoran, Rosmarin und Basilikum? Dann stammen Koch oder Rezept mit einiger Wahrscheinlichkeit aus der Mitte Italiens, aus der Toskana, den Marken oder sogar Umbrien. Grüne Bohnen, Erbsen, Zucchini und manchmal sogar Artischocken gehören in dieser Gegend zu einer anständigen Minestrone ebenfalls einfach dazu, so wie die Tomate zum Mozzarella.

Noch weiter südlich, in Kampanien und Apulien, wird die Minestrone zunehmend von Tomaten geprägt, und es werden besonders gerne kurze Makkaroni dafür verwendet. Dort, in der Basilicata und in Kalabrien, finden auch viele Bohnen den Weg in den Suppentopf, außerdem wird die Minestrone hier immer wieder einmal

durch kleine Wurst- oder Schinkenstücke ihres vegetarischen Charakters beraubt. Auf Sizilien und Sardinien schließlich bin ich leider nie dazu gekommen, eine Minestrone zu probieren – dafür gibt es dort einfach viel zu viele unschlagbare Fisch- und Nudelgerichte …
So typisch die Minestrone in den verschiedenen Regionen zubereitet wird, so vielfältig sind allerdings auch die Abwandlungen, die sie von findigen Hausfrauen und Köchen im Laufe der Generationen erfahren hat – Sie dürfen sich also nicht wundern, wenn Sie doch einmal auch in Südtirol eine »süditalienische« Minestrone mit vielen Tomaten, Makkaroni und vielleicht auch ein paar frischen Pilzen darin vorgesetzt bekommen. Das Wichtigste an einer Minestrone ist eben nun einmal nicht, welche Gemüse- und Nudelsorten zugegeben werden, sondern dass alle Zutaten möglichst frisch und aromatisch sind. Daher bin ich Ihnen auch nicht böse, wenn Sie das leckere Minestrone-Rezept, das mir eine Freundin aus Amalfi mitbrachte, nach Ihrem eigenen Geschmack ein bisschen abwandeln – solange die Suppe immer noch aus viel Gemüse und einigen Nudeln aus Hartweizen-Gries besteht, ist sie nach wie vor ein leichter, sättigender Genuss.

*

Fenchelsuppe mit Fisch

Sie benötigen

- 300 g Fenchelknolle
- 200 g Rotbarschfilet, küchenfertig
- ½ Bund Dill
- 1 EL Olivenöl
- ½ l Gemüsebouillon
- 2 Zitronenscheiben (unbehandelt)
- Salz, Pfeffer

Vorbereitung

Waschen Sie den Fenchel, putzen Sie ihn und schneiden Sie die Triebe in feine Scheiben. Vierteln Sie die Knolle der Länge nach und schneiden Sie sie in feine Scheiben. Waschen Sie das

Fischfilet kurz unter kaltem Wasser ab, tupfen Sie es trocken und entfernen Sie eventuelle Gräten. Brausen Sie den Dill gut ab, schütteln Sie ihn trocken und hacken Sie ihn fein.

So wird's gemacht

Erhitzen Sie das Olivenöl in einem Topf und dünsten Sie den Fenchel leicht darin an. Gießen Sie dann mit der Gemüsebouillon auf, bringen Sie sie zum Kochen und lassen Sie sie bei geschlossenem Deckel 10 bis 15 Minuten lang bei schwacher Hitze köcheln, bis der Fenchel gar ist. Bringen Sie währenddessen in einem zweiten Topf etwas Wasser zum Kochen, geben Sie den Fisch, die Zitronenscheiben und etwas Salz hinein und lassen Sie alles mit geschlossenem Deckel bei schwacher Hitze rund 7 Minuten lang köcheln. Dann nehmen Sie den Fisch mit einem Schaumlöffel heraus, zerkleinern ihn grob und geben ihn zur Fenchelsuppe. Schmecken Sie die Fenchelsuppe mit Salz und Pfeffer und nach Wunsch mit etwas Fischsud ab und bestreuen Sie die Suppe mit Dill.

Suppen-Tipp

Wenn an der Fenchelknolle noch ansehnliches Fenchelgrün ist, können Sie es zum Würzen verwenden: einfach mit dem Dill fein hacken und beides zusammen über die Suppe streuen.

Fenchel – rundum gesund

Vor allem in Italien ist der Fenchel ein kulinarischer Klassiker, der roh wie gedünstet in allerlei leckeren Varianten auf den Tisch kommt. Im Rest der Welt wird er vor allem wegen seiner heilsamen Wirkung auf Magen und Darm als Tee geschätzt – aber auf Ihrem Speiseplan sollte er ab sofort ruhig auch öfter stehen. Fenchel beruhigt nämlich nicht nur den Magen, er bringt auch eine ganze Menge wertvoller Inhaltsstoffe mit: die Vitamine C und A, Beta-Karotin, verschiedene B-Vitamine, Kalium, Kalzium, Zink und Eisen machen ihn zu einer kleinen Wunderknolle, die Ihre Zellen schützt und Ihr Immunsystem auf Vordermann bringt – und das bei einem wohltuend geringen Kaloriengehalt.

*

Als mir vor vielen Jahren in Süditalien zum allerersten Mal Fenchel vorgesetzt wurde, wusste ich zunächst nicht so recht, was ich davon halten sollte: er war nämlich als Rohkost zubereitet, und ich bin nun mal keine allzu große Freundin von rohem Gemüse ... Seitdem haben mich die tollen Knollen allerdings schon viele Male aufs Angenehmste überrascht: Wenn man ein wenig in italienischen oder vegetarischen Kochbüchern stöbert, findet man eine Menge leckerer Rezepte, die den Fenchel gedünstet, gegrillt oder überbacken zu vollen Ehren kommen lassen – und die eine oder andere feine Suppe ist eben auch dabei.

Wenn Sie nach der Suppendiät weiter Ihr neues Gewicht halten wollen, kann ich Ihnen daher eine regelmäßige Portion Fenchel nur wärmstens empfehlen (und warm ist er mir wirklich lieber, wobei Fenchel aber auch im Salat sehr gut sein feines Aroma entfaltet): Fenchel ist so leicht, dass er sogar mit Käse überbacken noch eine verzeihliche Kalorien-Sünde darstellt – Sie können ihn also gut dafür verwenden, »bombige« Gerichte wie Gratins oder Lasagnen in etwas figurfreundlicheren Variationen auf den Tisch zu bringen.

*

Kürbis-Koriander-Suppe

Sie benötigen

- 350 g Kürbisfleisch (z. B. Hokkaido)
- 2 Tomaten
- 100 g Kartoffeln
- ½ Bund frischer Koriander
- 2 EL Olivenöl
- 1 TL Kreuzkümmel, gemahlen
- ½ TL Ingwer, gemahlen
- 1 Msp. Cayennepfeffer, gemahlen
- ½ TL Koriandersamen, gemahlen
- ¾ l Gemüsebouillon
- Salz

Vorbereitung

Waschen Sie den Kürbis und schneiden Sie ihn in Würfel. Tauchen Sie die Tomate kurz in kochendes Wasser, entfernen Sie die Haut und den Stielansatz und würfeln Sie den Rest. Schälen Sie die Kartoffeln und würfeln Sie sie grob. Waschen Sie die Korianderblätter, schütteln Sie sie gut aus und hacken Sie sie fein.

So wird's gemacht

Erhitzen Sie das Olivenöl in einem großen Topf und braten Sie die Kürbiswürfel leicht darin an. Nehmen Sie einen kleinen Teil der Würfel heraus und legen Sie sie beiseite. Den übrigen Kürbis würzen Sie mit Kreuzkümmel, Ingwer, Cayennepfeffer und gemahlenem Koriander. Dann geben Sie Tomaten und Kartof-

feln dazu, gießen mit der Gemüsebouillon auf und lassen alles ungefähr 20 Minuten lang köcheln, bis das Gemüse weich ist. Pürieren Sie die Suppe mit dem Pürierstab, schmecken Sie sie mit Salz ab und mischen Sie die beiseite gelegten Kürbiswürfel und die gehackten Korianderblätter unter.

Suppen-Tipp

Wenn Sie es lieber etwas schärfer haben, verwenden Sie einfach etwas mehr Ingwer und Cayennepfeffer. Übrigens: Falls Sie einmal keinen Kürbis zur Hand haben, können Sie diese Suppe notfalls auch mit Möhren zubereiten.

Kugelrund und kerngesund – der Kürbis

Als die spanischen Eroberer den Kürbis aus Amerika nach Europa mitbrachten, hatten sie sicher nicht die geringste Ahnung, dass sie damit einen der Möhre fast ebenbürtigen Beta-Karotin-Lieferanten gefunden hatten. Beta-Karotin ist die Vorstufe von

Vitamin A, und gemeinsam mit den ebenfalls im Kürbis enthaltenen Vitaminen C und E macht es den orangefarbenen Riesen zu einer kleinen Antioxidantien-Bombe. Antioxidantien schützen unsere Körperzellen vor vorzeitiger Alterung und schädlichen freien Radikalen, und sie stärken das Immunsystem.
Ganz nebenbei ist Kürbis auch noch ein wichtiger Basenbildner, und sein hoher Gehalt an Kalium sorgt dafür, dass er den Körper sanft von überschüssigen Wasser-Einlagerungen befreit.

*

Wissen Sie, warum ich Halloween so schrecklich finde? Nicht wegen den verfrühten Faschings-Verkleidungen oder alljährlich wiederkehrenden Horror-Filmen im Fernsehen, sondern aus einem ganz anderen Grund – weil ich es kaum mit ansehen kann, wie unzählige Kürbisse ausgehöhlt und zu Gesichtern zerschnitten werden, anstatt eine leckere Suppe daraus zu kochen!
Falls Sie (oder Ihre Kinder) das Haus ebenfalls mit den leuchtenden Kürbis-Fratzen dekorieren möchten, kann ich Ihnen nur gut zureden, wenigstens das herausgeschnittene Kürbisfleisch für eine kulinarische Leckerei weiter zu verwenden – es wäre nämlich wirklich schade, diese gesunden Leckerbissen einfach auf den Kompost zu werfen. Doch Vorsicht: Zierkürbisse, die zwar nicht so groß, dafür aber oft farbenprächtig gemustert sind, sollten ausschließlich zur Dekoration verwendet werden, die meisten sind nämlich ungenießbar!

*

Bärlauch-Suppe

Sie benötigen

- 400 g Kartoffeln
- 1 Zwiebel
- 75 – 100 g Bärlauch
- 2 EL Olivenöl
- ¾ l Gemüsebouillon
- Salz, Pfeffer

Vorbereitung

Schälen Sie die Kartoffeln und schneiden Sie sie in kleine Würfel. Schälen Sie die Zwiebel und hacken Sie sie fein. Waschen Sie den Bärlauch, schütteln Sie ihn trocken, entfernen Sie die Stiele und schneiden Sie ihn in grobe Stücke.

So wird's gemacht

Erhitzen Sie das Olivenöl in einem Topf und dünsten Sie die Zwiebeln darin an. Geben Sie die Kartoffeln dazu, gießen Sie mit der Gemüsebouillon auf und lassen Sie alles zugedeckt bei mittlerer Hitze rund 15 Minuten lang köcheln, bis die Kartoffeln gar sind. Geben Sie den Bärlauch in die Suppe, lassen Sie sie weitere 10 Minuten lang köcheln und pürieren Sie sie dann mit dem Stabmixer. Zum Schluss schmecken Sie alles mit Salz und Pfeffer ab.

Suppen-Tipp

Statt mit Bärlauch können Sie diese Suppe auch mit derselben Menge an Rucola oder jungen Brennnesselblättern zubereiten, oder mit einer Mischung aus gleichen Teilen Kopfsalat und Sauerampfer. Mit einer Prise Cayennepfeffer oder einer zerdrückten Knoblauchzehe verleihen Sie ihr außerdem etwas mehr Feuer und einen intensiveren Geschmack. Falls Sie selbst Bärlauch sammeln wollen, gibt es einen untrüglichen Hinweis, der die Verwechslungsgefahr mit giftigen Maiglöckchen oder Herbstzeitlosen ausschließt: Sie sehen dem Bärlauch zwar ähnlich, verströmen aber nicht den umwerfenden Geruch nach Knoblauch. Bärlauch, der an vielbefahrenen Straßen oder im Stadtpark wächst, sollten sie lieber stehen lassen, denn er ist oft mit so vielen Schadstoffen belastet. In diesem Fall ist solcher aus dem Supermarkt (oder noch besser aus dem Bioladen) einfach gesünder.

Grünzeug tut gut – Bärlauch, Brennessel, Rucola & Co.

Bärlauch, Brennessel, Rucola und Co. erfahren nicht umsonst seit einiger Zeit einen regelrechten Beliebtheits-Boom: Die (halb-)wilden kleinen Blattgemüse bringen mit ihrem würzigen Geschmack nicht nur Abwechslung auf die Speisekarte, sie sind auch richtige Wirkstoffpakete. Chlorophyll, Eisen, Vitamin C, sekundäre Pflanzenstoffe, Kalzium und Kalium sorgen gemeinsam mit weiteren Vitaminen und Mineralstoffen dafür, dass das Grünzeug unserem Organismus rundum gut tut. Grünes Blattgemüse ist außerdem einer der besten Basenlieferanten.

- *Bärlauch ist (wie sein Duft schon vermuten lässt) ein Verwandter des Knoblauchs und besitzt eine ähnliche, wenn auch nicht ganz so starke Wirkung: Er reinigt das Blut und hilft dabei, Infektionen zu bekämpfen.*
- *Junge Brennnesselblätter eignen sich ebenso wie der Tee daraus hervorragend für eine Frühjahrs-Entschlackungskur, da sie Nieren und Blase anregen. Durch ihren hohen Eisen- und Vitamin C-Gehalt fördern sie außerdem die Blutbildung.*

- *Rucola enthält wie alle grünen Salate mehr gesunde Inhaltsstoffe, als man auf den ersten Blick vermuten würde. Neben wertvollen Ballaststoffen und pflanzlichem Eiweiß gehören dazu vor allem viel entschlackendes Kalium, Kalzium und Eisen. Was viele nicht wissen, ist, dass man Salate nicht nur als Rohkost, sondern auch in leckeren Gemüsegerichten und sogar für feine Suppen verwenden kann. Sie sollten allerdings darauf achten, anstelle von Gewächshaus-Salaten so oft wie möglich Freilandware zu kaufen, da sie viel weniger von Dünge- und Schädlingsbekämpfungsmitteln belastet ist.*
- *Sauerampfer sollte wegen der darin enthaltenen Oxalsäure nicht in großen Mengen oder zu oft verwendet werden. Seine blutreinigende und -verbessernde Wirkung und sein hoher Vitamin C-Gehalt machen einen gelegentlichen Genuss allerdings durchaus empfehlenswert.*

*

Ungarische Krautsuppe

Sie benötigen

- ¼ Kopf Weißkohl
- 1 kleine Zwiebel
- 1 Zehe Knoblauch
- 1 ungarische Paprika
- 2 EL Olivenöl
- 1 EL Tomatenmark
- ¾ l Hühnerbouillon
- 1–2 TL Paprikapulver
- Salz

Vorbereitung

Entfernen Sie den Strunk des Weißkohls und schneiden Sie den Rest in feine Streifen von 3–4 cm Länge. Schälen Sie Zwiebel und Knoblauch. Vierteln Sie die Zwiebel der Länge nach, schneiden Sie sie in feine Streifen und zerdrücken Sie den Knoblauch mit der Knoblauchpresse. Waschen Sie die Paprika, entfernen Sie Stielansatz, Kerne und Trennhäutchen und schneiden Sie das Fruchtfleisch ebenfalls in 3–4 cm lange Streifen.

So wird's gemacht

Erhitzen Sie das Olivenöl in einem breiten Topf, geben Sie Weißkohl, Zwiebel und Paprika hinein und rösten Sie sie kurz an. Dann geben Sie den Knoblauch und das Tomatenmark dazu und gießen alles mit der Hühnerbouillon auf. Zuletzt geben Sie das Paprikapulver in die Suppe und rühren es gut unter. Bringen Sie die Suppe zum Kochen, lassen Sie sie ungefähr 20 Minuten lang köcheln, bis der Kohl weich ist, und schmecken Sie sie mit etwas Salz ab.

Suppen-Tipp

Die Schärfe der Suppe können Sie dadurch variieren, welche Sorte Paprikapulver Sie verwenden: Edelsüßpaprika hat ein mild-süßliches Aroma und eignet sich auch für empfindliche Gaumen, Rosenpaprika und andere feurige Sorten sind dagegen ausgesprochen scharf.

Ballaststoffe satt und noch viel mehr – was Weißkohl alles kann

Nicht nur in der berühmten Kohlsuppe ist Weißkohl einfach der Hit: Studien haben gezeigt, dass regelmäßiger Kohlgenuss auch vor Darmkrebs schützt – er stärkt die Darmflora und sorgt durch seine vielen Ballaststoffe für eine gesunde Verdauung und Entschlackung. Es ist schon lange bekannt, dass Ballaststoffe gar nicht so nutzlos sind, wie ihr Name vermuten lässt. Diese Pflanzenfasern können zwar nicht verdaut werden, aber sie reinigen den Darm, nehmen auf ihrem Weg durch den Körper unerwünschte Keime auf und wirken wie ein natürliches Abführmittel – Ballaststoffe sind also fast so etwas wie die Müllabfuhr unseres Körpers. Manche Ballaststoffe haben darüber hinaus noch einen positiven Einfluss auf den Cholesterinspiegel, den Blutzucker-Haushalt und den Blutfett-Spiegel.

Weißkohl kann aber noch viel mehr: Mit seinem hohen Gehalt an Zink, Selen, Kalium, Kalzium, Vitamin C und Folsäure versorgt er den Körper mit wichtigen Vitaminen und Mineralstoffen.

Und er enthält Cholin, das am Fettstoffwechsel beteiligt ist und Fettablagerungen in Leber und Gefäßen vorbeugt. Zu Sauerkraut verarbeiteter Weißkohl sorgt außerdem durch seine Milchsäure für eine rundum gesunde Darmflora. Sauerkraut ist leichter verdaulich als frischer Kohl und wegen seines hohen Vitamin C-Gehalts vor allem im Winter ideal, um die Abwehrkräfte zu stärken. Außerdem lassen sich weitaus mehr verschiedene Gerichte damit zubereiten, als Sie vermuten würden – probieren Sie es einfach einmal aus!
Weißkohl verdient sicher mehr Beachtung, als er von vielen Leuten bekommt – wer ihn verschmäht, beraubt sich selbst einer wichtigen Vitalstoff-Quelle. Mit etwas Kümmel kann man übrigens ganz einfach dafür sorgen, dass der Kohl leichter verdaulich wird, und wenn Sie ihn bei schwacher Hitze und mit geschlossenem Topfdeckel zubereiten, hält sich auch der Kohlgeruch in der Küche durchaus in Grenzen.

*

Arabische Kichererbsen-Suppe mit Spinat

Sie benötigen

- 1 kleine Zwiebel
- 1 Knoblauchzehe
- 1 Dose gekochte Kichererbsen
- ¼ Tasse rote Linsen
- 3–4 Blätter Minze
- ½ Bund frischer Spinat
- 2 EL Olivenöl
- 1 TL Kreuzkümmel, gemahlen
- ½ TL Kurkuma, gemahlen
- 1 TL scharfes Paprikapulver
- ¾ l Gemüsebouillon
- 2 EL Zitronensaft
- Salz

Vorbereitung

Schälen Sie Zwiebel und Knoblauch, würfeln Sie die Zwiebel und hacken Sie den Knoblauch fein. Spülen Sie die Kichererbsen in einem Sieb gut durch und lassen Sie sie abtropfen. Spülen Sie auch die Linsen kurz unter fließendem Wasser ab. Waschen Sie die Minzeblätter und hacken Sie sie fein. Waschen Sie den Spinat gut durch, schütteln Sie ihn gründlich aus und hacken ihn grob.

So wird's gemacht

Erhitzen Sie das Olivenöl in einem großen Topf, geben Sie Zwiebel und Knoblauch hinein und dünsten Sie sie an, bis die Zwiebel glasig ist. Rühren Sie dann Kreuzkümmel, Kurkuma und Paprika unter und gießen Sie sofort mit der Gemüsebouillon auf. Geben Sie die Kichererbsen, Linsen und Minze zur Suppe und lassen Sie alles rund 30 Minuten lang zugedeckt köcheln, bis die Linsen gar sind. Geben Sie dann den Spinat und den Zitronensaft dazu, lassen Sie die Suppe einige Minuten lang ohne Deckel weiter köcheln, bis der Spinat weich ist, und schmecken Sie sie mit Salz ab.

Suppen-Tipp

Statt frischem Spinat können Sie auch tiefgekühlten Blattspinat verwenden – so können Sie diese leckere Suppe zu jeder Jahreszeit zubereiten.

Gesunde Kraftpakete – Kichererbsen

Kichererbsen wurden in Kleinasien schon vor über 8000 Jahren angebaut und sind bis heute rings um das Mittelmeer sehr beliebt. Wie alle Hülsenfrüchte enthalten sie viel wertvolles Eiweiß, viele Ballaststoffe und außerdem komplexe Kohlenhydrate, die langsam ins Blut übergehen und deshalb sehr gut sättigen. Sie sind besser verträglich als andere Hülsenfrüchte und bekommen auch Menschen mit empfindlichem Magen.

Kichererbsen enthalten neben Eisen, Zink, Phosphor und Kalium auch viel nervenstärkendes Magnesium, das für viele Verdauungsvorgänge benötigt wird. Außerdem versorgen sie uns mit der wichtigen basischen Aminosäure Lysin und mit viel Vitamin B_1 *und* B_6 *sowie mit Folsäure. Von Spanien bis Italien ist Kichererbsen-Püree mit Olivenöl und Zitronensaft auch deshalb seit jeher eine beliebte Fastenspeise, weil es den Körper mit so vielen wichtigen Nährstoffen versorgt und nicht so schnell neuen Hunger aufkommen lässt.*

Rohe Kichererbsen enthalten allerdings noch einige unverdauliche Giftstoffe. Wenn Sie selbst Kichererbsen kochen wollen, sollten Sie daher das Einweichwasser immer wegschütten. Bei vorgekochten Kichererbsen aus der Dose oder aus dem Glas müssen Sie sich darüber aber keine Gedanken mehr machen.

*

Die arabische Küche habe ich nicht in einem arabischen Land kennen gelernt, sondern im guten alten Europa, als ich vor dem kalten deutschen Winter nach Spanien flüchtete. Wer nach Spanien (und vor allem nach Andalusien) reist, muss sich nicht zu weit in die Ferne wagen und bekommt doch einen guten Einblick: Zahlreiche

Einwanderer aus Marokko und anderen arabischen Ländern haben ihre Essgewohnheiten nahezu unverfälscht in die neue Heimat mitgebracht. In spanischen Supermärkten finden sich praktisch alle nötigen Zutaten für original arabische Rezepte. Und da die südspanische Küche selbst noch aus der Zeit der Mauren arabische Gerichte enthält, wird die arabische Küche von den Spaniern längst nicht mehr als exotisch wahrgenommen.
Durch eine marokkanische Freundin hatte ich damals das Glück, zu einem richtigen Festessen anlässlich des Fastenmonats Ramadan eingeladen zu werden. Fastenmonat und Festessen? Wer die eher asketische katholische Fastenzeit kennt, wird dies zu Recht mit Verwunderung lesen. Im Islam wird das Fasten allerdings ein wenig anders praktiziert: Tagsüber darf zwar nicht geschlemmt werden, aber nach Einbruch der Dunkelheit wird oft besonders reichlich aufgetischt, und es gibt eine Unzahl leckerer Gerichte. Ob der Ramadan in streng islamischen Ländern auf dieselbe Weise abgehalten wird, weiß ich zwar nicht, aber zumindest bei meinen Freunden in Spanien hat die Selbstbeherrschung bei Sonnenuntergang ein Ende.
Auf kaum mehr als eine kleine Fastenspeise eingestellt, staunte ich nicht schlecht, als mir schon an der Wohnungstür der Duft von gebratenen Zwiebeln und Hähnchen in die Nase stieg – noch mehr allerdings, als ich das schon fertig aufgebaute Vorspeisen-Buffet sah … Meine Freundin hatte zu der Zeit Besuch von Freunden aus dem Libanon, und diese hatten es sich nicht nehmen lassen, das Essen um eine ganze Auswahl der »Mezze« genannten Köstlichkeiten zu bereichern, die im Libanon zu jedem Festmahl gehören. Mezze sind kleine Vorspeisen, die Tapas und Antipasti in nichts nachstehen – und die libanesischen werden als die raffiniertesten des gesamten Mittleren Ostens gerühmt. Es gab das beste Auberginenpüree, das ich je probieren durfte, gefüllte Datteln, Weinblätter und verschiedene Teigtäschchen, lecker gewürzte Fleischbällchen, gegrillte Feigen, Zitronenreis und noch viel mehr – und ich konnte natürlich nicht anders, als von allem wenigstens ein kleines bisschen zu probieren.
Natürlich hat sich das doch recht üppige »Fastenessen« am nächsten Tag schon ein wenig auf der Waage bemerkbar gemacht. Seiher lege ich vor Besuchen bei besagten Freunden

mindestens einen halben Diättag ein. Das gleiche würde ich Ihnen auch empfehlen: Sollten kalorienreiche Einladungen anstehen, lohnt es sich, zuvor einen Tag lang auf feste Speisen zu verzichten und nur Suppen zu essen. So können Sie anschließend unbeschwert genießen, ohne mit schlechtem Gewissen an Ihre Waage denken zu müssen …

*

Indische Kokossuppe

Sie benötigen

- 1 kleine Zwiebel
- 1 Zehe Knoblauch
- 1 Stängel Zitronengras
- 100 g Hühnerbrustfilet
- 1 EL Olivenöl
- 1 TL gemahlener Kurkuma
- 1 TL gemahlener Kreuzkümmel
- ½ TL gemahlener Zimt
- 200 ml Kokosmilch, ungesüßt
- ½ l Hühnerbouillon
- Salz, Pfeffer

Vorbereitung

Zuerst schälen Sie Zwiebel und Knoblauch und hacken beide möglichst fein. Dann waschen Sie das Zitronengras und quetschen den Stängel mit einem Kochlöffel etwas flach, damit die Suppe sein Aroma besser aufnehmen kann. Zuletzt brausen Sie das Hühnerbrustfilet kurz mit kaltem Wasser ab, tupfen es mit Küchenpapier trocken und schneiden es quer zum Verlauf der Fasern in feine Streifen.

So wird's gemacht

Erhitzen Sie das Olivenöl in einem breiten Topf, geben Sie Zwiebel und Knoblauch hinein und dünsten Sie diese leicht an, bis sie glasig sind. Dann rühren Sie Kurkuma, Kreuzkümmel und Zimt unter, geben den Zitronengras-Stängel in den Topf und gießen

alles mit der Kokosmilch und der Hühnerbouillon auf. Verrühren Sie die Zutaten, dann lassen Sie sie zum Kochen kommen und bei schwacher Hitze und geschlossenem Deckel etwa 10 Minuten lang köcheln. Nun kommt das Hühnerfleisch in die Suppe, und Sie lassen alles noch rund 15 Minuten lang weiterköcheln, bis das Fleisch gar ist. Zuletzt entfernen Sie den Zitronengras-Stängel und schmecken die Suppe mit etwas Salz und Pfeffer ab.

Exotische Gewürze – nicht nur für den Geschmack

Zimt, Kreuzkümmel, Kurkuma, Koriander und andere exotische Gewürze fristen in vielen deutschen Küchen leider noch immer ein Nischendasein und werden nur für exotische Gerichte streng nach Rezept verwendet. Im Ayurveda beispielsweise werden sie dagegen schon seit Jahrhunderten auch wegen ihrer Heilkräfte hoch geschätzt und zur regelmäßigen Verwendung empfohlen. Mit ihren vielen verschiedenen ätherischen Ölen verleihen sie den Speisen nämlich nicht nur ein besonderes Aroma, sie sorgen auch dafür, dass unser Essen äußerst heilsam wird.

So hat Zimt eine antibiotische und antivirale Wirkung. In neuesten Untersuchungen zeigte sich sogar, dass er den Blutzuckerspiegel bei Diabetes positiv beeinflussen kann. Kreuzkümmel ist wie unser einheimischer Kümmel ganz hervorragend für die Verdauung und entkrampft den Darm, Kurkuma unterstützt die Gallen- und Lebertätigkeit und reinigt das Blut, und Koriander wirkt beruhigend und unterstützt die Fettverdauung.

Auch andere »Exoten« wie Kardamom, Anis, Cayennepfeffer, Ingwer, Safran oder Nelken steuern ein gesundheitliches Plus zu allen Gerichten bei. Lassen Sie sich also von Ihren Geschmacksknospen leiten und experimentieren Sie beim Kochen öfter einmal mit verschiedenen Gewürzen – so können Sie auch altbekannten Gemüse- und Fleischgerichten immer mal wieder neuen Pep verleihen!

*

Scharf-saure Krabbensuppe

Sie benötigen

- 150 g Champignons
- 2 Stängel frisches Zitronengras
- 1 rote Chilischote, frisch
- ½ Bund frischer Koriander
- ¾ l Hühnerbouillon
- 2–3 kleine grüne Chilis, frisch
- 200 g Shrimps, küchenfertig
- 4 EL Limettensaft
- 1 TL thailändische Fischsauce

Vorbereitung

Brausen Sie die Champignons kurz ab, putzen Sie sie und schneiden Sie sie je nach Größe in Hälften oder Viertel. Waschen Sie das Zitronengras, entfernen Sie den Wurzelansatz und den grünen Teil und schneiden Sie den Rest schräg in feine Ringe. Waschen Sie die Chilis, entfernen Sie Stielansatz und Kerne und schneiden Sie sie in Ringe. Waschen Sie die Korianderblätter, schütteln Sie sie gut aus und hacken Sie sie fein.

So wird's gemacht

Bringen Sie die Hühnerbouillon in einem breiten Topf zum Kochen, geben Sie Zitronengras, Champignons, Chilis und Shrimps hinein und lassen Sie sie zugedeckt ungefähr 10 Minuten lang köcheln. Dann geben Sie den Koriander in die Suppe, nehmen den Topf vom Herd, geben Limettensaft und Fischsauce hinein und lassen alles rund 5 Minuten lang ziehen. Schmecken Sie sie falls nötig nochmals mit Limettensaft und Fischsauce ab, damit sie einen leicht salzigen, säuerlich-pikanten Geschmack erhält.

Tipp

Vorsicht beim Chili-Schneiden: Waschen Sie sich danach gut die Hände oder verwenden Sie gleich dünne Handschuhe, die Schärfe klebt an den Fingern und kann vor allem im Auge für böse Überraschungen sorgen. Wenn Sie die Hände vor dem Waschen mit Fett einreiben, verschwindet sie noch zuverlässiger.

Scharf macht schlank – Chilis

Chilis stammen zwar ursprünglich aus Mittel- und Südamerika, aber nach ihrer Entdeckung durch die Spanier haben sie im Nu einen Siegeszug um den gesamten Globus angetreten. Besonders in Südost-Asien wurden sie mit Begeisterung in die einheimische Küche aufgenommen – davon zeugen unzählige gaumenverbrennende Gerichte, die Sie von Indien bis Indonesien an jeder Straßenecke bekommen können.

Der wichtigste Inhaltsstoff von Chilis ist neben großen Mengen an abwehrstärkendem Vitamin C das Capsaicin. Es ist für den brennenden Schmerz beim Biss in eine Chilischote verantwortlich und soll alle Säugetiere davon abhalten, sich an den Früchten und damit auch an den Samen der Pflanze zu vergreifen – beim Menschen bewirkt dieser Trick aber offensichtlich das genaue Gegenteil.

Capsaicin und damit die Schärfe der Chilis ist allerdings nicht wie oft vermutet in den Samen am stärksten konzentriert, sondern in den hellen Trennhäutchen der Schote – vor ihnen sollten Sie sich daher besonders in Acht nehmen. Aber bitte nicht zu sehr, denn Capsaicin ist ein heimlicher Schlankmacher! Da es die Durchblutung steigert, den Stoffwechsel ankurbelt und in größeren Mengen für Schweißausbrüche wie nach einem 100-Meter-Sprint an einem heißen Sommernachmittag sorgt, verbrennt es im wahrsten Sinne des Wortes auch etliche Kalorien. Gleichzeitig regt es auch die Verdauung an. Und es führt zur Ausschüttung von Endorphinen, körpereigenen Glückshormonen, die uns von der brennenden Schärfe an unserem Gaumen ablenken sollen – und ganz nebenbei bei kleinen Diät-Tiefs dem Tag wieder mehr Schwung und Farbe verleihen!

In Thailand wird immer gegessen: Zu jeder Tages- und Nachtzeit sitzt mindestens ein Drittel der Bevölkerung gerade über einem Schälchen Reis oder Nudeln und füllt sich damit den Magen. Gegessen wird alles, was nicht schnell genug wegläuft – neben dem ganzen Sortiment tropischer Früchte und Gemüsesorten sind das die verschiedensten Fleisch- und Fischsorten und auch das eine oder andere Insekt … Aber zum Glück gibt es immer genug Auswahl, so dass man als Tourist extremere kulinarische Abenteuer problemlos vermeiden kann.
Böse Zungen behaupten, dass es in der thailändischen Küche überhaupt nur drei Geschmacksrichtungen gäbe: scharf, schärfer und am schärfsten. Sie irren sich aber: Die Thais haben eine Vielzahl von Geschmacksnuancen entdeckt, die ihre Küche besonders abwechslungsreich und originell machen – sauer-scharf, süß-scharf, bitter-scharf und sogar salzig-scharf sind dafür gute Beispiele! Nach Ankunft in Thailand dauert es allerdings einige Tage, bis sich die Geschmacksknospen vom anfänglichen Schärfe-Schock erholt haben und feinere Nuancen überhaupt wieder wahrgenommen werden können …
In den Touristenzentren können Sie natürlich auch Gerichte ohne den kleinsten Hauch der allgegenwärtigen Chilis finden, genauso wie Wiener Schnitzel, Pommes oder Hamburger. Kulinarisch bekommen Sie dann von Thailand natürlich herzlich wenig mit. Mein Rat an alle Thailand-Reisenden: Essen Sie schon vorher einige Zeit scharf, um sich gegen Chilis und Co. abzuhärten. Das ist die einzige Chance: Ich habe in etlichen Garküchen in Thailand versucht, ein etwas weniger scharfes Gericht zu bekommen, aber im besten Fall war ich damit erfolglos und im schlimmsten hat der Koch mich missverstanden und sogar noch ein paar Extra-Chilis auf meinen Teller gelegt …
Als Schlankheitskur ist eine Reise nach Thailand aber auf jeden Fall zu empfehlen: Durch die Hitze und das höllisch scharfe Essen isst man erstens weniger, und zweitens kommt man ständig so ins Schwitzen, dass die Pfunde dahinschmelzen wie Schnee in der Sommersonne!

*

Thailändische Reissuppe

Sie benötigen

- 3 große Blätter Chinakohl
- 3–4 zarte Stangen Sellerie
- 2 Frühlingszwiebeln
- 1 Knoblauchzehe
- ¾ l Hühnerbouillon
- 300 g fertig gegarter Reis
- Salz, Pfeffer

Vorbereitung

Waschen Sie den Chinakohl, halbieren Sie die Blätter der Länge nach und schneiden Sie sie in feine Streifen. Waschen und putzen Sie die Selleriestangen und Frühlingszwiebeln und schneiden Sie sie in feine Ringe. Schälen Sie die Knoblauchzehe und zerdrücken Sie sie mit der Knoblauchpresse.

So wird's gemacht

Bringen Sie die Hühnerbouillon in einem Topf zum Kochen, geben Sie den Reis und den Chinakohl hinein und lassen Sie alles ungefähr 5 Minuten lang köcheln, bis der Chinakohl weich ist. Dann geben Sie Sellerie, Frühlingszwiebeln und Knoblauch dazu, lassen die Suppe noch einmal kurz aufkochen und schmecken sie mit etwas Salz und Pfeffer ab.

Suppen-Tipp

Reis kochen leicht gemacht: Geben Sie in einen kleinen Kochtopf eine kleine Tasse Reis, zwei kleine Tassen Wasser und eine Prise Salz. Bringen Sie das Ganze bei geschlossenem Deckel zum Kochen (Vorsicht: kocht schnell über!). Nehmen Sie den Topf dann von der Kochplatte und lassen Sie ihn einfach stehen, bis der Reis fertig ist. Am besten bedecken Sie den Topf mit einem Handtuch oder einem Topflappen, damit die Wärme besser erhalten bleibt. Wenn Sie den Reis morgens so aufsetzen, können Sie sich mittags sofort ans Suppe-Kochen machen!

Reis – mehr als nur ein paar Körner

Reis ist nicht nur Grundnahrungsmittel für über die Hälfte aller Menschen und eine der am längsten angebauten und als Geschenk der Götter verehrten Kulturpflanzen, Reis ist durch seine günstige Zusammensetzung auch ideal für die schlanke Linie. Er ist kalorienarm und gut bekömmlich, aber er sättigt dabei sehr gut. Reis enthält viel Stärke, aber wenig Fett und Eiweiß – und das vorhandene Eiweiß ist besonders hochwertig. Durch seinen geringen Natrium- und hohen Kaliumgehalt wirkt Reis leicht entwässernd, und er hilft dabei, das Gewebe zu entschlacken.
Noch gesünder als geschälter, weißer Reis ist Naturreis, in dessen Silberhäutchen viele Vitamine, hochwertige Fette und Mineralstoffe konzentriert sind, wie beispielsweise verschiedene B-Vitamine, Vitamin E und Magnesium. Durch seinen höheren Gehalt an Ballaststoffen fördert er zusätzlich die Verdauung und senkt das Risiko für Darmkrebserkrankungen.

*

Das Rezept für Thailändische Reissuppe ist der Beweis dafür, dass es keine Regel ohne Ausnahme gibt: Es ist eines der wenigen thailändischen Gerichte, in denen trotz intensiver Suche keine Spur von Chili zu finden ist! Meiner Meinung nach liegt das daran, dass auch der abgehärtetste Gaumen gelegentlich ein schonendes Gericht zum Ausgleich braucht – und dass wohl auch manchen Thais die eine oder andere Chili gelegentlich zu feurig ist. Dann ist Reis nämlich eines der besten Gegenmittel, um das Brennen im Mund wieder zu besänftigen!
Natürlich übertreibe ich hier ein wenig, denn tatsächlich habe ich auch in Thailand nicht ständig und überall nur scharf gewürztes Essen bekommen – dafür ist die Küche dieses Landes viel zu vielfältig und (wie die meisten asiatischen Küchen) auf Ausgewogenheit bedacht. Aber trotzdem prägt sich die Schärfe jedem wohl als eine der stärksten Erinnerungen an die leichte und köstliche Thaiküche ein!

*

Asiatische Hühnersuppe

Sie benötigen

- 100 g Hühnerbrustfilet
- 2 EL Sojasauce
- 1 mittelgroße Möhre
- 2 Frühlingszwiebeln
- 1 haselnussgroßes Stück Ingwer
- 25 g Glasnudeln
- ¾ l Geflügel-Bouillon

Vorbereitung

Zuerst marinieren Sie das Hühnerbrustfilet in Sojasauce: Sie brausen es dazu kurz mit kaltem Wasser ab, schneiden es in feine Streifen, geben es in eine Schüssel, gießen die Sojasauce darüber und rühren so lange um, bis das gesamte Fleisch mit Sojasauce benetzt ist. Dann mit Frischhaltefolie abdecken und rund 20 Minuten lang ziehen lassen. Währenddessen bereiten Sie das Gemüse vor: Sie waschen und schälen die Möhre, entfernen die Enden, halbieren die Möhre quer und schneiden die beiden Hälften jeweils längs in möglichst feine, dünne Streifen, die Julienne. Auch die Frühlingszwiebeln werden zu Julienne geschnitten: waschen, Wurzeln und dunkles Grün entfernen, halbieren und längs in feine Streifen schneiden. Den Ingwer schließlich müssen Sie nur schälen und fein hacken. Als letztes legen Sie die Glasnudeln zum Einweichen für etwa 10 Minuten in kaltes Wasser und kürzen sie nach dem Abgießen auf eine mundgerechte Länge.

So wird's gemacht

Bringen Sie die Geflügel-Bouillon in einem breiten Topf zum Kochen. Geben Sie dann das Gemüse und das Fleisch hinein, rühren Sie um, damit sich alles gut verteilt, und lassen Sie das Ganze ungefähr 10 Minuten lang köcheln. Danach geben Sie die Glasnudeln in die Suppe und lassen sie bei schwacher Hitze rund 5 Minuten lang ziehen – fertig!

Worauf Sie beim Einkauf achten sollten

Gemüse ist gesund, aber nicht jedes Stück Gemüse enthält zu allen Zeiten und unter allen Bedingungen immer dieselben wichtigen Vitalstoffe. Damit Sie das Maximum an Gesundheit aus Ihren Lebensmitteln holen können, sollten Sie beim Gemüsekauf auf folgende Kriterien achten:

1. Kaufen Sie vor allem Gemüse der Saison! Sicher werden wir durch die moderne Gewächshaus-Technik zu jeder Jahreszeit mit allen möglichen Obst- und Gemüsesorten versorgt, aber Sie müssen nur den Geschmack einer im Dezember gekauften Treibhaus-Tomate mit dem Aroma einer im August frisch vom Strauch gepflückten, sonnenverwöhnten Tomate vergleichen, um zu wissen, dass das Gemüse zur richtigen Jahreszeit einfach besser schmeckt (und damit auch gesünder ist). Oft ist sogar Tiefkühlgemüse, das in der Saison direkt nach der Ernte schockgefrostet wird, vitaminreicher als »frische« Gewächshaus-Ware.
2. Auch weit gereistes Gemüse aus allen Ecken der Welt kann es in punkto Inhaltsstoffe nicht mit einheimischen Gewächsen aufnehmen. Damit beides reif ankommt, werden Obst und Gemüse in ihren Herkunftsländern oft noch unreif gepflückt – das macht sich nicht nur beim Vitalstoff-Gehalt bemerkbar, sondern leider oft auch im Geschmack.
3. Wer schon einmal durch einen richtigen Gemüsegarten spaziert ist, der weiß, dass gesundes Gemüse nicht so genormt und makellos aussehen muss wie das, was in den meisten Supermärkten präsentiert ist. Was wirklich zählt, ist dagegen die Frische: Welke Blätter, braune, eingetrocknete Schnittstellen und eine schwammige oder matschige Konsistenz weisen darauf hin, dass vor allem die Vitamine sich hier schon auf der Flucht befinden.
4. Vertrauen Sie auf Ihre Nase! Jede Gemüsesorte hat ihr eigenes Aroma, und je stärker das ist, desto geschmackvoller wird auch Ihre Suppe. Wenn das Gemüse nach nichts oder gar nach Plastikverpackung, »Chemie« oder gammelig riecht, dann lassen Sie es besser im Laden.

*

Chinesische Ingwersuppe

Sie benötigen

- 5 g Mu-Err-Pilze
- 2 Frühlingszwiebeln
- 1 kirschgroßes Stück Ingwer
- 100 g Hühnerbrustfilet
- 1 EL Olivenöl
- ½ l Hühnerbouillon
- 1–2 EL Sojasauce

Vorbereitung

Zuerst lassen Sie die Mu-Err-Pilze etwa 30 Minuten lang in kaltem Wasser einweichen. Gießen Sie danach das Einweichwasser ab, spülen Sie die Pilze gut unter fließendem Wasser ab und schneiden Sie sie in kleine Streifen. Dann waschen Sie die Frühlingszwiebeln, entfernen die Wurzeln und den dunkelgrünen Teil der Triebe und schneiden den Rest in feine Ringe. Als nächstes ist der Ingwer dran: er wird geschält und danach schön feingehackt. Zuletzt brausen Sie das Hühnerbrustfilet kurz unter fließend kaltem Wasser ab und tupfen es mit Küchenpapier trocken. Dann halbieren Sie es der Länge nach und schneiden es quer zur Faserrichtung in feine Scheiben.

So wird's gemacht

Erhitzen Sie das Olivenöl in einem breiten Topf, geben Sie Ingwer und Frühlingszwiebeln hinein und dünsten Sie diese kurz an. Dann gießen Sie mit der Hühnerbouillon auf und lassen diese zum Kochen kommen. Ganz nach Geschmack geben Sie 1 bis 2 EL Sojasauce dazu, dann geben Sie das Fleisch in die Bouillon und lassen alles rund 15 Minuten lang köcheln, bis das Fleisch gar ist.

Suppen-Tipp

Mu-Err-Pilze werden manchmal auch Holz- oder Judasohren genannt und in der chinesischen Heilkunde als Blutverdünner geschätzt. Falls Sie keine erhalten, können Sie sie aber auch durch andere getrocknete oder frische Pilze ersetzen, wie etwa durch Shiitake-Pilze oder auch durch Champignons.

Die tolle Knolle – was Ingwer alles kann

Ingwersuppe ist der Turbo unter den entschlackenden Suppen: Kaum eine andere Suppe regt die Verdauung so sehr an wie diese würzige Leckerei. Ingwer wird wegen seiner wertvollen Inhaltsstoffe schon seit Jahrtausenden in China und Indien angebaut und hoch geschätzt. Sein hoher Gehalt an ätherischen Ölen sorgt nicht nur für seinen fruchtig-scharfen, leicht an Zitrone erinnernden Geschmack, sondern auch für seine tolle Wirkung: Ingwer regt Verdauung und Kreislauf an, wirkt entzündungshemmend und antiseptisch und kann Blutdruck und Cholesterinspiegel senken. Zwar regt Ingwer auch den Appetit leicht an – viel wichtiger ist jedoch, dass die fernöstliche Wurzel Ihren Körper von Giftstoffen reinigt. Im Ayurveda ist Ingwer daher eines der wichtigsten Mittel, um die Verdauung zu stärken und den Körper von innen zu reinigen.

Frische Ingwerwurzeln erkennen Sie an ihrer glatten, straffen Haut – bei längerer Lagerung wird sie runzelig wie bei einer getrockneten Weintraube. Frisch ist seine Wirkung (und auch der Geschmack) viel stärker als bei getrocknetem, gemahlenem oder auch kandiertem Ingwer, daher lohnt es sich, immer ein Stückchen auf Vorrat im Kühlschrank zu haben.

*

An besonders trüben und kalten Wintertagen, wenn ich aus dem Frösteln kaum noch herauskomme und schon fühle, wie eine Erkältung sich naht, koche ich mir so schnell wie möglich eine große Portion Ingwersuppe. Ihre fruchtige Schärfe lässt es mir sofort von innen heraus wieder wohlig warm werden, und schon nach kurzer Zeit fühle ich mich auch wieder fit und lebendig! Übrigens ist die Ingwersuppe auch ein heißer Tipp für alle, die die Erkältung schon erwischt hat …

5-Elemente-Suppe

Sie benötigen

- 10 g getrocknete Shiitake-Pilze
- 1 kleine Zwiebel
- ¼ Stange Lauch
- 1 kirschkerngroßes Stück Ingwer
- 1 rote Chilischote
- 1 EL Olivenöl
- ½ TL eingelegte grüne Pfefferkörner
- 1 Msp. gemahlener Koriander
- ¾ l Hühnerbouillon
- 2 EL Sojasauce
- 1 EL Sherryessig
- 1 EL gehackte Kerbelblätter
- 1 Prise Zucker

Vorbereitung

Lassen Sie die Shiitake-Pilze etwa 30 Minuten lang in kaltem Wasser einweichen. Gießen Sie danach das Einweichwasser ab, spülen Sie die Pilze gut unter fließendem Wasser ab und schneiden Sie sie in kleine Streifen. Schälen Sie die Zwiebel und hacken Sie sie fein. Waschen und putzen Sie den Lauch und schneiden Sie ihn längs in feine Streifen. Schälen Sie den Ingwer und hacken Sie ihn fein. Waschen Sie die Chilischote, entfernen Sie Stielansatz und Kerne und schneiden Sie sie in feine Ringe.

So wird's gemacht

Erhitzen Sie das Olivenöl in einem Topf und geben Sie der Reihe nach Pilze, Zwiebel, Lauch, Ingwer, Koriander, Pfefferkörner und Chili hinein, wobei Sie nach jeder Zutat einmal kurz umrühren. Dünsten Sie alles kurz an und gießen Sie mit der Hühnerbouillon auf, dann fügen Sie Sojasauce, Sherryessig, Kerbelblätter und Zucker hinzu – auch dabei rühren Sie nach jeder Zutat kurz um – und lassen alles ungefähr 10 Minuten lang köcheln.

Suppen-Tipp

Sherryessig hat ein besonders kräftiges Aroma und verleiht der Suppe eine interessante Würze. Notfalls können Sie ihn jedoch auch durch Aceto Balsamico oder einen Schuss Rotwein ersetzen.

Shiitake – der asiatische Wunderpilz

Der Shiitake-Pilz ist heute nach dem Champignon der weltweit meistangebaute Speisepilz. Er wird seit Jahrtausenden in China und Japan als Nahrungs- und Heilmittel geschätzt und unter anderem gegen Magenleiden und Lebererkrankungen eingesetzt. In der Traditionellen Chinesischen Medizin dient er außerdem dazu, den Cholesterinspiegel zu senken, das Immunsystem zu aktivieren, das Blut zu verdünnen und verschiedene Infektionen und Tumorerkrankungen zu behandeln.

Diese vielfältige Wirkung verdankt der Shiitake-Pilz einer Vielzahl von bioaktiven Inhaltsstoffen. Neben besonderen Aminosäuren und einem hohen Anteil an Ballaststoffen sind das vor allem Mineralstoffe wie Kalium, Phosphor und Zink sowie Vitamine der B-Gruppe wie Folsäure und Biotin. Außerdem enthalten Shiitake-Pilze natürliche Glutamate, die ihnen den in Asien sehr geschätzten »Umami«-Geschmack verleihen – sie schmecken herzhaft und fleischig, verleihen allen Gerichten eine besondere Note und werden häufig auch getrocknet und gemahlen als Würzmittel eingesetzt.

Kochen nach den 5 Elementen

Die Lehre vom Essen und vom Kochen nach den 5 Elementen ist ein wichtiger Bestandteil der Traditionellen Chinesischen Medizin (TCM), die seit einiger Zeit auch bei uns immer bekannter wird. Weil ich schon so viel davon gehört hatte, wollte ich eines Tages genauer wissen, was es damit auf sich hat, deshalb habe ich es mir von einem befreundeten Heilpraktiker ganz genau er-

klären lassen – und ich muss sagen, die 5-Elemente-Küche ist zwar eine etwas ungewöhnliche, aber auch sehr interessante Weise, sein Essen besonders leicht und bekömmlich zuzubereiten.
Die fünf chinesischen Elemente haben nicht allzu viel mit unseren vier Elementen Feuer, Erde, Wasser und Luft zu tun. Während die »europäischen« Elemente vor allem erklären wollen, aus welchen Grundbausteinen und -eigenschaften alle Dinge zusammengesetzt sind, beziehen sich die chinesischen Elemente auf grundlegende natürliche Abläufe und auf die Fähigkeit der Natur, alle Dinge immer wieder aufs Neue zu wandeln – daher werden sie auch häufig als die fünf »Wandlungsphasen« bezeichnet.
Die fünf Elemente dabei sind Holz, Feuer, Erde, Metall und Wasser. Diese fünf Elemente sind in ihrer Reihenfolge genau festgelegt und bilden einen Zyklus, der an allen Stellen beginnen oder enden kann: wie im Kreis der Jahreszeiten folgt immer ein Element dem vorangegangenen.
Den fünf Elementen sind unter anderem auch fünf verschiedene Farben, Geschmacksrichtungen und Wirkungen auf den menschlichen Körper zugeordnet:

- *Holz ist grün, schmeckt sauer und wirkt zusammenziehend.*
- *Feuer ist rot, schmeckt bitter und wirkt austrocknend und nach unten leitend.*
- *Erde ist gelb, schmeckt süß und wirkt befeuchtend und harmonisierend.*
- *Metall ist weiß, schmeckt scharf und wirkt lösend und nach oben und außen leitend.*
- *Wasser ist blauschwarz, schmeckt salzig und wirkt aufweichend und nach unten leitend.*

Damit der Mensch gesund bleibt und der Körper alle nötige Energie erhält, sollten laut der chinesischen Medizin alle fünf Elemente einen Platz in unserer Ernährung haben. Aber nicht irgendeinen: Das Besondere an der 5-Elemente-Küche ist, dass jedes Gericht aus Zutaten zusammengestellt wird, die alle fünf Elemente repräsentieren, und dass diese Zutaten in genau der richtigen Reihenfolge ins Essen gegeben werden – das ist gar

nicht so einfach für einen ungeübten Europäer, solange man noch nicht weiß, welche Lebensmittel überhaupt zu welchen Elementen gehören!
Die 5-Elemente-Suppe ist aber ein gutes Beispiel dafür, wie es funktioniert: Bei der Suppe beginnt der Zyklus mit dem Element Erde, dem das Olivenöl und auch die Shiitake-Pilze zugeordnet werden. Nach Erde folgt Metall, und dieses Element wird von Zwiebel, Lauch, Ingwer, Koriander, Pfefferkörnern und Chili repräsentiert (allein schon wegen dem scharfen Geschmack müssen Chili, Pfeffer oder Ingwer einfach zum Element Metall gehören). Nach dem Metall ist das Wasser dran – dafür steht natürlich die Hühner-Bouillon, aber auch die salzige Sojasauce. Für das Element Holz kommt der saure Sherryessig ins Spiel (wie Sie sehen, geht es dabei nicht unbedingt um die Menge, sondern vor allem darum, dass alle fünf Elemente und Geschmacksrichtungen vertreten sind). Nun fehlt nur noch ein Element: Die Kerbelblätter vertreten mit ihrem leicht bitteren Geschmack das Feuer. Die Prise Zucker zum Schluss gehört natürlich wieder zum Element Erde und schließt den Kreis völlig – nun sind alle Elemente in der richtigen Reihenfolge in der Suppe vereint!
Damit die Suppe perfekt wird, müssen Sie allerdings jedes Mal kurz umrühren, wenn Sie eine weitere Zutat in den Topf gegeben haben – nach der chinesischen Lehre verbinden sich die verschiedenen Zutaten nur so zu einem wirklich harmonischen Ganzen. Aber keine Sorge: Wenn man ein paar Mal nach den Regeln der 5-Elemente-Küche gekocht hat, erledigt man das ganz automatisch. Da die 5-Elemente-Küche viel Wert auf ausgewogene und gesunde Gerichte legt, eignet sie sich übrigens auch gut dafür, dauerhaft die schlanke Linie zu halten – es lohnt sich also, wenn Sie sich bei Gelegenheit einmal näher damit beschäftigen. Und Sie müssen deshalb keineswegs immer chinesisch essen, denn die einfachen Zubereitungs-Regeln lassen sich leicht auch auf viele unserer einheimischen Gerichte anwenden.

*

Miso-Shiitake-Pilzsuppe

Sie benötigen

- 1 TL getrocknete Wakame-Algen
- 200 g frische Shiitake-Pilze
- 2 Frühlingszwiebeln
- $\frac{3}{4}$ l dünne Gemüsebouillon
- 4 EL Miso (Sojabohnenpaste)

Vorbereitung

Weichen Sie die Wakame-Algen rund 10 Minuten lang in kaltem Wasser ein, gießen Sie sie ab, entfernen Sie eventuelle Stängel und zerkleinern Sie den Rest grob. Brausen Sie die Shiitake-Pilze kurz mit kaltem Wasser ab, putzen Sie sie, hacken Sie die Stiele fein und schneiden Sie die Pilzkappen in Streifen. Waschen und putzen Sie die Frühlingszwiebeln und schneiden Sie sie in feine Ringe.

So wird's gemacht

Erhitzen Sie die Gemüsebouillon, geben Sie Wakame-Algen und Shiitake-Pilze hinein und lassen Sie sie ungefähr 20 Minuten lang köcheln. Geben Sie dann die Frühlingszwiebeln dazu, lassen Sie die Suppe noch einmal kurz aufkochen und nehmen Sie den Topf vom Herd. Dann geben Sie die Miso-Paste in eine kleine Schüssel und rühren sie mit einigen EL Suppe an (die Suppe sollte nicht mehr kochen), bis sie cremig-flüssig ist. Rühren Sie die Miso-Mischung dann in die fertige, etwas abgekühlte Suppe ein.

Suppen-Tipp

Miso-Paste enthält wertvolle Vitamine und Enzyme, die durch zu große Hitze zerstört werden, deshalb sollte sie erst nach dem eigentlichen Kochen zur Suppe gegeben werden. In Japan wird Miso-Suppe mit einer speziellen Bouillon zubereitet, einem »dashi« genannten Fischsud. Falls Sie diese Original-Version probieren möchten, finden Sie Instant-Dashi-Bouillon in gut sortierten Asia- oder Japan-Shops.

Algen – Mineralstoffpakete aus dem Meer

In China, Japan und Korea hat die Verwendung von Algen als wertvolles Nahrungsmittel eine jahrhundertelange Tradition, während sie bei uns gerade erst dabei sind, sich einen Platz auf dem Speiseplan zu erobern. Sie zeichnen sich durch einen hohen Gehalt an Mineralstoffen und Spurenelementen und einen sehr niedrigen Fettgehalt aus. Vor allem der Anteil des für den Stoffwechsel wichtigen Spurenelements Jod ist in Meeresalgen bemerkenswert – er ist so hoch, dass schon kleine Portionen zur Deckung des Tagesbedarfs ausreichen und viele Algen nur in Maßen verzehrt werden sollten, um schädliche Überdosierungen zu vermeiden.

Je nach Sorte und Herkunft schwankt die Zusammensetzung der Inhaltsstoffe von Alge zu Alge, aber in jedem Fall versorgen sie uns mit allen für den Menschen wichtigen Mineralstoffen und

Spurenelementen, vielen Vitaminen und essentiellen Aminosäuren. Verschiedene Algenarten enthalten außerdem sogar antibakterielle und tumorhemmende Wirkstoffe. Ein Nahrungsmittel mit so vielen tollen Inhaltsstoffen sollten Sie auf keinen Fall links liegen lassen! Regelmäßig eine kleine (!) Portion Algen zusammen mit anderem leckerem Gemüse oder als würzige Zutat in einer feinen Suppe ist ideal, um ihre gesunde Wirkung voll auszunützen – und auf jeden Fall schmackhafter, als fade Algen-Kapseln oder -Pülverchen zu schlucken.

*

Als ich vor längerer Zeit zum ersten Mal in Japan war, gab es vieles, was mich ziemlich erstaunt hat. Obwohl ich vorher gelesen und gehört hatte, was so alles auf mich zukommt, ist die hautnahe Erfahrung eben doch noch einmal etwas ganz anderes. Die Städte mit den vielen Menschen auf engstem Raum, die an manchen Orten allgegenwärtige Technik, besonders aber all die höflichen, zurückhaltend-freundlichen Menschen führten mir immer wieder einmal vor Augen, wie weit ich doch von zuhause entfernt war.
Und es gab noch etwas Auffälliges: Obwohl ich zur Zeit meiner Reise recht schlank war, habe ich während meines ganzen Aufenthalts kaum jemanden getroffen, der dicker war als ich! Der ständige Anblick gertenschlanker Menschen kann auf Dauer ganz schön ans Selbstbewusstsein gehen – vor allem, wenn man gerade mit seinen Pfunden zu kämpfen hat.
Wer glaubt, dass es nur an den Genen liegt, dass Japaner nicht zunehmen, hat noch keinen Sumo-Ringer gesehen … Doch woran liegt es dann? Meine erste Theorie war, dass man mit Stäbchen einfach nicht so viel essen kann, ohne ständig einen Krampf in den Fingern zu bekommen. Sie war natürlich falsch, denn schon bald konnte ich beobachten, dass in asiatischen Restaurants sogar Nudelsuppen mit Fadennudeln in Windeseile – nun, eben nicht gelöffelt, sondern wohl eher gestäbelt werden …
Meine nächste Vermutung ging in die Richtung, dass es wohl an der Sitzhaltung beim Essen liegt. In Japan wird das Essen tradi-

tionell an niedrigen Tischchen serviert – um an seinen Teller zu kommen, muss man sich hinknien oder hinkauern, und so (dachte ich) kann man sich eben den Bauch nicht allzu voll schlagen. Wieder ein Irrtum: Schon nach einigen Tagen mit wunden Knien gewöhnt man sich so gut daran, dass man auch einen eigens im bayerischen Wirtshaus Tokios bestellten Schweinsbraten inklusive aller Fertig-Knödel problemlos im Magen unterbringt.

Wenig später fiel es mir dann wie Schuppen von den Augen: Die schlanke Linie der meisten Japaner hat wohl doch vor allem damit zu tun, was sie sich dort in Bodennähe mit ihren Stäbchen zu Gemüte führen. Wenn sie nicht gerade »exotische« Gerichte wie bayerischen Schweinsbraten oder original italienisches Tiramisu übernimmt, ist die japanische Küche nämlich äußerst leicht und gesund.

Die Grundnahrungsmittel der japanischen Küche sind Reis, Fisch und Gemüse, Fleisch kommt nur selten auf den Teller und ist nicht gerade billig – eigentlich kein Wunder in einem Land, das unter akutem Platzmangel leidet, aber auf allen Seiten von fischreichen Meeren umgeben ist. Das Prinzip der meisten Gerichte ist ganz einfach: Sie sind relativ schlicht, werden aber so raffiniert und elegant angerichtet, dass aus jeder Kleinigkeit eine kleine Köstlichkeit wird – ein gutes Beispiel dafür ist Sushi, das ja eigentlich aus nicht viel mehr als Fisch, Reis und Algen besteht, aber jeden Feinschmecker um den Finger wickelt.

Auf die Verwendung frischer, hochwertiger Zutaten wird in Japan auch heute noch großer Wert gelegt. Der Eigengeschmack dieser Zutaten soll möglichst gut zur Geltung kommen, und die Stäbchen werden bewusst auch dazu eingesetzt, die verschiedenen Zutaten einzeln aus dem Gericht zu picken und jede für sich zu genießen.

Besonders zum Abendessen wird bei den Japanern gerne eine große Vielfalt an Speisen aufgetischt, und oft werden Gäste dazu eingeladen. Was dabei nie fehlen darf, sind Reis und Suppe – die Suppe wird allerdings nicht als Vorspeise, sondern neben den übrigen Speisen her gegessen. Apropos Suppe: Das vielleicht Außergewöhnlichste am japanischen Speiseplan ist das Frühstück. Japanisches Frühstück ist für an Brot und Marmelade gewöhnte Mägen eine ziemliche Herausforderung: Traditionell gibt

es dazu nämlich eine beliebige Kombination aus Reis, Miso-Suppe, gesäuertem Gemüse, Nori-Algen und manchmal sogar Fisch. Doch schon nach wenigen Tagen gewöhnt man sich an die würzig-sauren Aromen – dann ist diese Art zu frühstücken sogar sehr belebend und gibt Schwung für den gesamten Tag.
Falls auch Sie einmal Miso-Suppe zum Frühstück ausprobieren möchten, können Sie die Suppe auch etwas geschmacksneutraler gestalten und auf die Algen darin verzichten. Auch die Shiitake-Pilze sind nur eine Zutat unter vielen möglichen – etwas Tofu, einige Champignons oder ein paar Löffel Reis können sie schnell ersetzen und ihr so eine andere Geschmacksrichtung verleihen.

*

Indonesische Curry-Suppe

Sie benötigen

- 100 g Hühnerfilet
- 1 kleine Zwiebel
- 1 Kartoffel
- 1 Möhre
- 100 g grüne Bohnen
- 1 EL Erdnuss- oder Olivenöl
- 2 TL Erdnussbutter (creamy)
- 1 TL Currypulver
- ½ l Hühnerbouillon
- 1 Lorbeerblatt
- 100 ml fettarme Milch

Vorbereitung

Brausen Sie das Hühnerfilet kurz unter kaltem Wasser ab, tupfen Sie es mit Küchenpapier trocken und schneiden Sie es in kleine Würfel. Schälen Sie Zwiebel, Kartoffel und Möhre, hacken Sie die Zwiebel sehr fein und würfeln Sie Kartoffel und Möhre. Waschen und putzen Sie die grünen Bohnen und schneiden Sie sie schräg in 1–2 cm lange Stückchen.

So wird's gemacht

Erhitzen Sie das Öl in einem Topf, geben Sie das Hühnerfleisch hinein und braten Sie es kurz an. Geben Sie die Zwiebeln dazu und dünsten Sie sie kurz mit, dann mischen Sie die Erdnussbutter und das Currypulver unter und gießen mit der Hühnerbouillon auf. Bringen Sie die Bouillon zum Kochen und fügen Sie dann Kartoffel, Möhren, grüne Bohnen und das Lorbeerblatt hinzu. Lassen Sie die Suppe nun mit geschlossenem Deckel bei schwacher Hitze 15 bis 20 Minuten lang köcheln. Entfernen Sie danach das Lorbeerblatt, rühren Sie die Milch unter und lassen Sie die Suppe noch einen Moment lang ziehen.

Suppen-Tipp

Statt fertiges Curry-Pulver zu verwenden, können Sie auch selbst eine Mischung aus gemahlenen Gewürzen herstellen, beispielsweise aus Kardamom, Ingwer, Kurkuma oder Safran, Koriander, Nelken, Cayennepfeffer und Kreuzkümmel.

L-Carnitin bringt das Fett zum Schmelzen

L-Carnitin ist ein Eiweiß, das im Fettstoffwechsel unseres Körpers eine wichtige Rolle spielt: Es wird dafür benötigt, die Fettsäuren in den Körperzellen abzubauen und ist einer der wichtigsten körpereigenen Fatburner. Zwar wird L-Carnitin vom Körper auch selbst gebildet, aber erst durch eine zusätzliche Zufuhr durch die Ernährung ist es in ausreichender Menge verfügbar, um seine Aufgabe deutlich sichtbar zu erfüllen und die Fettpölsterchen zum Schmelzen zu bringen.

In Fleisch und in Milchprodukten ist L-Carnitin in ausreichenden Mengen vorhanden, um diesen Bedarf problemlos zu decken – das ist ein weiterer Grund dafür, seine Diät nicht ausschließlich vegetarisch zu gestalten. Am deutlichsten macht sich die Fatburner-Wirkung von L-Carnitin allerdings bemerkbar, wenn Sie Ihren Stoffwechsel zusätzlich mit längeren Bewegungseinheiten in Schwung bringen – dann kann es die diversen Fettreserven am besten in pure Energie verwandeln.

*

Karibischer Calalou

Sie benötigen

- 50 g Kokosraspeln
- 1 Zwiebel
- 100 g frischer Spinat
- 100 g Auberginen
- 1 EL Olivenöl
- ½ TL Thymian
- 1 Msp. Nelkenpulver
- 1 TL Pfeffersauce
- 1 TL Weißweinessig
- Salz, Pfeffer

Vorbereitung

Kochen Sie 100 ml Wasser auf, übergießen Sie damit die Kokosraspel und pürieren Sie sie zu einem feinen Brei. Schälen Sie die Zwiebel und hacken Sie sie fein. Waschen Sie den Spinat gründlich, schütteln Sie ihn aus, entfernen Sie die Stiele und hacken Sie die Blätter grob. Entfernen Sie Stielansatz und Haut der Aubergine und würfeln Sie sie.

So wird's gemacht

Erhitzen Sie in einem großen Topf das Olivenöl, geben Sie die Zwiebel, den Spinat und die Auberginenwürfel hinein und braten Sie alles kurz bei starker Hitze an. Gießen Sie dann mit ½ l Wasser auf, bringen Sie es zum Kochen und lassen Sie es köcheln, bis die Auberginen weich sind. Geben Sie dann den Kokosbrei, Thymian, Nelkenpulver, Pfeffersauce und Weißweinessig dazu, lassen Sie alles noch einmal kurz aufkochen und pürieren Sie die Suppe mit dem Pürierstab, bevor Sie sie mit Salz und Pfeffer abschmecken.

Suppen-Tipp

Statt mit Spinat können Sie diese Suppe auch mit derselben Menge Mangold zubereiten – und falls Sie beides nicht frisch erhalten, ersetzen Sie es einfach durch tiefgekühlten Blattspinat.

Kalium und Co. – warum Mineralstoffe so wichtig sind

Mineralstoffe sind anorganische Substanzen, die der Körper nicht selbst herstellen kann, aber für viele lebenswichtige Prozesse und als Bausteine für Knochen und Gewebe benötigt. Zu den Mineralstoffen gehören auch die so genannten Spurenelemente wie Selen, Jod, Fluor oder Zink, die nur in äußerst geringen Mengen gebraucht werden – daher ihr Name. Auch sie sind unverzichtbar für die Gesundheit. Wer Diät macht oder viel Sport treibt, sollte besonders auf eine abwechslungsreiche Ernährung achten, die ihn mit all diesen Stoffen versorgt – besonders bei einseitigen Diäten entsteht nämlich schnell ein Mineralstoffmangel. Die folgenden Mineralstoffe sind beim Abnehmen und Entschlacken besonders wichtig:

- *Kalium sorgt dafür, dass überschüssiges Wasser aus dem Körper ausgeschwemmt wird. Es wird für den Eiweiß-Aufbau und für die Verwertung von Kohlenhydraten benötigt und hilft dabei, den Säure-Basen-Haushalt im Gleichgewicht zu halten.*
- *Natrium regelt gemeinsam mit Kalium den Wasserhaushalt des Körpers und das Säure-Basen-Gleichgewicht, und es wird für verschiedene Verdauungs-Prozesse benötigt. Normalerweise wird unser Natrium-Bedarf allerdings mehr als*

reichlich durch das viele Salz in der heutigen Ernährung gedeckt, so dass es eher durch zuviel Natrium zu Problemen wie Wassereinlagerungen oder Bluthochdruck kommen kann.

- *Kalzium ist nicht nur für gesunde Knochen und Zähne wichtig, es wird auch für die Blutgerinnung und die reibungslose Arbeit der Muskeln benötigt. Bei Kalzium-Mangel kann es zu Muskelkrämpfen kommen, aber auch zu Nervosität und Gereiztheit.*
- *Magnesium ist ein Allround-Talent, das unzählige für die Verdauung benötigte Enzyme aktiviert und unter anderem auch für die Muskelarbeit und den Aufbau der Knochen gebraucht wird.*

*

Ich liebe die Karibik und mache mich bei jeder Gelegenheit auf den Weg dorthin – in dem kleinen Reisebüro bei mir um die Ecke freuen sich deshalb immer schon alle, wenn ich mal wieder zur Tür hereinkomme. Palmengesäumte Strände, kristallklares, türkises Wasser, das tropische Klima und die netten Menschen machen die meisten Inseln einfach zu wahren Paradiesen. Allerdings sieht mein Urlaub in der Karibik etwas anders aus, als der Alltag der meisten anderen Touristen: Anstatt wochenlang am Strand zu liegen, ziehe ich nach ein paar Tagen mit einheimischen Freunden oder Freundesfreunden los, um das Paradies abseits der ausgetretenen Touristenpfade zu erkunden.

Sie können sich nicht vorstellen, was ich dabei schon für kleine Wunder entdeckt habe: Verborgene Wasserfälle im Dschungel mit winzigen Badeteichen, in denen nur noch die Nymphe fehlte, menschenleere Traumstrände, die man erst nach langen Spaziergängen erreicht, freundliche Gastgeber, die einem mal eben eine frische Kokosnuss vom Baum holen oder den Weg zum Reggae-Konzert in den Bergen kennen, wo echte Stars nur für einheimische Freunde auftreten …

Das Interessanteste für mich ist aber immer der Blick in die fremden Kochtöpfe, die unbekannten Früchte und alle Gerichte, von denen ich vorher noch nie gehört habe. Natürlich ist es nicht immer ratsam, in tropischen Ländern alles zu probieren, was in den kleinen Garküchen am Straßenrand oder in den Im-

biss-Stuben der Städte zubereitet wird. Mit einheimischen Begleitern ist es aber meistens kein Problem, denn diese wissen normalerweise, wo man unbesorgt essen kann und wo doch lieber nicht – dann kann man sich den Magen höchstens noch an ungewohnten Zutaten verderben.
Den Calalou und die beiden folgenden Rezepte habe ich solch kulinarischen Abenteuern zu verdanken, und ich freue mich jedes Mal wieder darüber. Und wissen Sie, wann ich mir das einzige Mal auf einer Karibik-Reise den Magen verdorben habe? Das war gar nicht auf den Inseln, sondern beim Umsteigen auf dem Heimweg – am Bagel-Stand in einem amerikanischen Flughafen!

Kreolische Tomatensuppe

Sie benötigen

- 750 g reife Tomaten
- 2 Frühlingszwiebeln
- 2 EL Olivenöl
- 2 EL Limettensaft
- 1–2 EL Maisstärke
- 150 ml Orangensaft
- 1 EL feingehackte Korianderblätter
- ½ TL Zucker
- Salz, Pfeffer

Vorbereitung

Tauchen Sie die Tomaten kurz in kochendes Wasser, entfernen Sie die Haut und den Stielansatz und würfeln Sie den Rest grob. Waschen und putzen Sie die Frühlingszwiebeln und hacken Sie sie fein.

So wird's gemacht

Erhitzen Sie das Olivenöl in einem Topf und geben Sie die Frühlingszwiebeln, die Tomaten und den Limettensaft hinein. Lassen Sie alles kurz aufkochen und danach unter regelmäßigem Umrühren etwa 15 Minuten lang bei schwacher Hitze weiter köcheln. Pürieren Sie dann alles mit dem Pürierstab und streichen Sie die Suppe durch ein Sieb, um die Tomatenkerne zu entfernen. Dann geben Sie die Suppe wieder in den Kochtopf. Rühren Sie die Maisstärke in einer kleinen Schüssel mit dem Orangensaft an, geben Sie sie in die Suppe und rühren Sie sie gut unter. Lassen Sie die Suppe einige Minuten lang unter ständigem Rühren köcheln, bis sie andickt, dann mischen Sie Korianderblätter, Limettensaft und Zucker unter und schmecken mit Salz und Pfeffer ab.

Suppen-Tipp

Mit etwas weniger exotischen Zutaten gelingt diese schmackhafte Suppe ebenso gut: Ersetzen Sie einfach den Limettensaft durch Zitronensaft und die Korianderblätter durch Petersilie. Und statt Maisstärke können Sie auch normalen Soßenbinder zum Andicken verwenden.

Leuchtend rote Tomaten – ein wahrer Jungbrunnen

Die aus Mittelamerika stammende Tomate brauchte zwar einige Zeit, um uns skeptische Europäer von ihrer Genießbarkeit zu überzeugen, aber seitdem hat sie eine steile Karriere hinter sich: Tomaten sind heute in Deutschland das am meisten verzehrte Gemüse (obwohl sie genau genommen die Früchte der Tomatenpflanze sind). Und das ist auch gut so, denn die sonnigen

»Paradiesäpfel« sind ein richtiger Jungbrunnen für unsere Zellen – sie stecken voller antioxidativer Stoffe wie den Vitaminen C und E und dem -Carotin, die den Alterungsprozess der Zellen verlangsamen können. Außerdem enthalten sie viele Mineralstoffe, Fruchtsäuren, die die Verdauung in Schwung bringen, und sekundäre Pflanzenstoffe wie Quercetin, das die Gefäße reinigt und so Herz-Kreislauf-Erkrankungen vorbeugt.
In positive Schlagzeilen gekommen ist die Tomate in den letzten Jahren jedoch vor allem wegen ihres hohen Gehalts an Lycopin, einem Carotinoid, das gemeinsam mit Beta-Karotin für ihre leuchtend rote Farbe sorgt. Auch Lycopin schützt die Zellen durch seine antioxidative Wirkung, aber darüber hinaus regt es auch noch das Immunsystem an, es wirkt keimtötend und es schützt vor Krebserkrankungen – Lycopin ist ein richtiges Multitalent, wenn es um Ihre Gesundheit geht!
Besonders interessant für alle Rohkost-Verächter wie mich ist, dass Lycopin erst nach dem Kochen und in Verbindung mit etwas Fett seine volle Wirkung entfaltet – die klassische italienische Tomatensoße ist daher gesünder als man denkt, sie ist nämlich die einfachste Form, wie Sie sich ausgiebig mit diesem einmaligen Vitalstoff versorgen können.

*

Kubanische Bananen-Suppe

Sie benötigen

- 2 kleine grüne Kochbananen
- 2 EL Olivenöl
- 1 Limette
- ¾ l Gemüsebouillon
- Salz, Pfeffer

Vorbereitung

Schälen Sie die Bananen und schneiden Sie sie in feine Scheiben. Erhitzen Sie das Olivenöl in einem breiten Kochtopf, geben Sie die Bananenscheiben hinein und braten Sie sie an, bis sie sich leicht bräunen. Zerkleinern Sie die Bananenscheiben dann im Mörser oder mit einem starken Mixer zu einer möglichst gleichmäßigen Masse. Pressen Sie die Limette aus und stellen Sie den Saft beiseite.

So wird's gemacht

Bringen Sie die Gemüsebouillon in einem Topf zum Kochen und geben Sie die Bananenmasse in einen zweiten Topf. Dann rühren Sie schöpflöffelweise die kochende Bouillon unter die Bananenpaste – dabei müssen Sie kräftig rühren, damit sich auch alles gut vermischt. Wenn die gesamte Bouillon in die Bananen-Suppe eingerührt ist, können Sie diese falls nötig mit etwas Wasser weiter verdünnen. Rühren Sie dann den Limettensaft unter die Suppe, schmecken Sie sie mit Salz und Pfeffer ab und lassen sie noch einmal aufkochen.

Suppen-Tipp

Kochbananen unterscheiden sich von unseren normalen Obst-Bananen dadurch, dass sie größer und gerader sind und eine festere Konsistenz besitzen. Sie können grün ebenso gut verwendet werden wie gelb – je gelber und reifer sie werden, desto süßer werden Sie allerdings auch. Kochbananen erhalten Sie in den meisten Asia-Shops und inzwischen gelegentlich auch in großen Supermärkten.

Alles Banane – die Wohlfühl-Frucht

Die ursprünglich vermutlich aus Indien stammende Banane wird heute vor allem in Südamerika und Afrika angebaut, wo sie in Form der Kochbananen auch ein verbreitetes Grundnahrungsmittel ist. Bananen sind zwar etwas kalorienreicher als andere Obstsorten, aber als Dickmacher werden sie völlig zu Unrecht bezeichnet. Ihre Kohlenhydrate sorgen nämlich für eine lang anhaltende Sättigung, sie gleichen Säureüberschüsse im Körper aus, schonen Magen und Darm, und sie versorgen uns mit vielen wichtigen Mineralstoffen. Vor allem Kalium und Magnesium sind in bedeutenden Mengen in Bananen enthalten.

Ganz nebenbei ist die Banane aber auch die ideale Wohlfühl-

Frucht: Sie enthält sehr viel Vitamin B_6, das für ein starkes Nervenkostüm benötigt wird – und sie sorgt für einen erhöhten Spiegel des »Glückshormons« Serotonin im Blut. Serotonin beeinflusst unseren Schlaf-Wach-Rhythmus, unseren Appetit, aber auch unser Aggressionspotential und unser allgemeines Wohlbefinden. Wenn wir uns im Winter öfter betrübt und unwohl fühlen, liegt das am niedrigen Serotoninspiegel, der durch den Lichtmangel sinkt; und auch am vorweihnachtlichen Heißhunger auf alles Süße ist er mit beteiligt: Da Zucker den Serotoninspiegel erhöht, greifen wir automatisch zu Naschereien, um unsere Stimmung zu heben. Dieser Diät-Falle können Sie aber ab sofort ganz einfach entgehen, indem Sie beim nächsten Anfall von Süßhunger zu einer gesunden Banane statt zur Keks- oder Schokoladenpackung greifen!

*

Mexikanische Maissuppe

Sie benötigen

- 1 Zwiebel
- 1 Dose Mais (rund 300 g)
- Saft von ½ Limette
- ½ Bund frischer Koriander
- 2 EL Olivenöl
- ½ l Hühnerbouillon
- Salz, Pfeffer

Vorbereitung

Schälen Sie die Zwiebel und hacken Sie sie fein. Brausen Sie den Mais in einem Sieb mit kaltem Wasser ab, lassen Sie ihn abtropfen und stellen Sie ungefähr ⅓ davon beiseite. Pressen Sie die Limette aus und stellen Sie den Saft beiseite. Brausen Sie den Koriander gründlich ab, schütteln Sie ihn gut aus und hacken Sie ihn fein.

So wird's gemacht

Erhitzen Sie das Olivenöl in einem breiten Topf, geben Sie die Zwiebeln hinein und braten Sie sie leicht an. Geben Sie ⅔ der

Maiskörner zu den Zwiebeln, gießen Sie mit der Hühnerbouillon auf, lassen Sie alles aufkochen und bei geschlossenem Deckel rund 20 Minuten lang köcheln. Dann pürieren Sie die Suppe mit dem Pürierstab. Geben Sie die beiseite gestellten Maiskörner hinein und lassen Sie sie kurz aufkochen. Rühren Sie dann den Limettensaft unter und schmecken Sie die Suppe mit Salz und Pfeffer ab. Zuletzt mischen Sie die fein gehackten Korianderblätter unter die Suppe.

Suppen-Tipp

Auch hier können Sie statt der Korianderblätter Petersilie verwenden. Glatte Petersilie eignet sich allerdings besser als krause Petersilie, da ihr Geschmack weniger hervorsticht.

Die B-Vitamine – eine starke Truppe

Die Vitamine der B-Gruppe sind wie Vitamin C wasserlöslich und werden nicht vom Körper gespeichert. Weil unser Körper sie jedoch für viele wichtige Stoffwechselvorgänge benötigt, sollten Sie auch beim Abnehmen immer darauf achten, dass Sie durch eine ausgewogene Ernährung genug von diesen kleinen Fitmachern abbekommen:

- *Vitamin B_1 sorgt für gute Nerven und gute Laune und spielt eine wichtige Rolle im Verdauungsprozess.*
- *Vitamin B_2 ist ein richtiger Schlankmacher: es wird für die Umwandlung von Fett und Nährstoffen in Muskelarbeit benötigt. Außerdem sorgt es für gesunde Haut und gute Augen.*
- *Niacin wird ebenfalls für eine schöne Haut benötigt, sowie für die Kontrolle des Cholesterinspiegels und einen gut funktionierenden Stoffwechsel.*
- *Pantothensäure gilt als Anti-Stress-Vitamin und fördert die Gehirnleistung. Sie beugt aber auch vorzeitigem Altern vor und unterstützt die Wundheilung.*
- *Vitamin B_6 stärkt die Abwehrkräfte und die Nerven, und es hat eine große Bedeutung für den Eiweiß-Stoffwechsel im Körper.*
- *Biotin ist weithin als Vitamin für schöne Haut und glänzendes Haar bekannt. Darüber hinaus wird es aber auch für das reibungslose Funktionieren der Muskeln und der Leber benötigt.*
- *Folsäure wird für die Bildung von Blut und neuen Zellen benötigt, deshalb ist sie in der Schwangerschaft und im Wachstum so wichtig. Wir brauchen sie aber auch für ein starkes Immunsystem und für unseren Eiweiß-Stoffwechsel.*
- *Vitamin B_{12} hat große Bedeutung für die Nerven und für alle Wachstumsprozesse und wird für den Aufbau des körpereigenen Fatburners L-Carnitin benötigt.*

*

Woran denken Sie bei mexikanischer Küche? Wohl sicher zuerst an Chili con Carne, dann an Tortillas, Burritos und Enchiladas – und an viele herzhaft scharfe Chilischoten, alles abgerundet von dem einen oder anderen Gläschen Tequila. Die

Klassiker der Tex-Mex-Küche findet man inzwischen in Deutschland in vielen Restaurants und Supermärkten, aber leider geben sie nur einen kleinen Teil dessen wieder, was es in Mexiko wirklich an kulinarischen Attraktionen gibt.
So sind Chilis zwar ein wichtiger Bestandteil mexikanischen Essens (die scharfe Schote stammt ja nun einmal aus der Gegend), aber es gibt überraschend viele Gerichte, die ganz ohne jede Schärfe auskommen. Scharfe Salsas mit Chili werden zwar zu vielen Mahlzeiten separat gereicht, aber bei weitem nicht jeder bedient sich daran – und auch vielen Mexikanern sind die Exzesse mancher Super-Chili-Soßen einfach eine Spur zu feurig …
Die wesentliche Grundlage der mexikanischen Küche bildet Mais in allen Formen und Varianten. Denken Sie dabei aber nur nicht an unseren gleichförmigen, gelben Gemüsemais: In Südamerika gibt es hunderte von verschiedenen Mais-Sorten, deren Körner weiß, gelb, rot und sogar bläulich gefärbt sind und deren Größe von den hier bekannten kleinen Körnchen bis hin zur Größe dicker weißer Bohnen reicht.
Als ich beim Eintopf-Essen das erste Mal solche Mais-Giganten auf meinem Löffel entdeckte, dick aufgequollen und mit aufgeplatzter Hülle, dachte ich im ersten Moment, es wäre eine neue, mir völlig unbekannte Gemüsesorte – bis ich darüber aufgeklärt wurde, dass Mais in Südamerika eben nicht gleich Mais ist, und dass es für jedes Gericht die absolut perfekte Sorte gibt.
Weil Mais so vielseitig ist und voller gesunder Vitalstoffe steckt, möchte ich Ihnen gleich noch zwei weitere köstliche Suppen mit Mais vorstellen: eine Suppe mit leckeren Tortillas, die oft als Brot und Besteck in einem dienen, und eine gut sättigende Suppe auf Maismehl-Basis.

*

Tortilla-Suppe

Sie benötigen

- 1 kleine Zwiebel
- 1 Knoblauchzehe
- 1 mittelgroße reife Tomate
- 4 Maistortillas
- 2 EL Olivenöl
- ½ l Hühnerbouillon
- ½ TL Worcestershiresauce
- Pfeffer
- 1 kleine Avocado

Vorbereitung

Schälen Sie die Zwiebel und die Knoblauchzehe und hacken Sie beides fein. Waschen Sie die Tomate, entfernen Sie den Stielansatz, zerkleinern Sie den Rest grob und pürieren Sie ihn mit dem Pürierstab. Halbieren Sie die Tortillas und schneiden Sie sie in feine Streifen.

So wird's gemacht

Erhitzen Sie 1 EL Olivenöl in einem Topf und dünsten Sie Zwiebel und Knoblauch leicht darin an. Geben Sie das Tomatenpüree dazu, dünsten Sie es kurz mit an und gießen Sie dann mit der Hühnerbouillon auf. Würzen Sie mit der Worcestershiresauce und etwas Pfeffer und lassen Sie die Bouillon ungefähr 20 Minuten lang köcheln. Erhitzen Sie währenddessen das restliche Olivenöl in einer beschichteten Pfanne und braten Sie die Tortilla-Streifen darin an, bis sie schön knusprig sind. Nehmen Sie sie dann aus der Pfanne und geben Sie sie auf Küchenpapier, um überschüssiges Fett zu entfernen. Danach schälen Sie die Avocado, vierteln sie, entfernen den Kern und schneiden das Fleisch in feine Streifen. Geben Sie zum Servieren einige Tortilla- und Avocado-Streifen in eine Suppentasse und übergießen Sie sie mit der heißen Suppe.

Suppen-Tipp

Avocadofleisch wird an der Luft schnell schwarz und unansehnlich, deshalb sollten Sie die Avocado immer erst im letzten Moment vorbereiten und sie erst kurz vor dem Übergießen in den Suppenteller geben.

Die Avocado – doch kein Dickmacker?

Avocados werden wegen ihres relativ hohen Kaloriengehalts oft als »Dickmacher« verschmäht, und tatsächlich haben sie von allen Obstsorten den höchsten Nährwert. Kalorien sind jedoch nicht immer gleich Kalorien: Während ein ähnlich kalorienreiches Stück Kassler sich schnell auf den Hüften niederschlägt, werden

die hochwertigen, mehrfach ungesättigten Fettsäuren der Avocado schnell in Energie umgewandelt – und ganz nebenbei schützen sie auch noch vor Herz- und Gefäßkrankheiten.
Weil sie so leicht verdaulich sind, werden Avocados in Asien sogar gegen Magen-Darm-Beschwerden eingesetzt. Eigentlich sind diese cremigen Früchte keine Kalorienbomben, sondern wertvolle kleine Vitalstoff-Pakete – sie enthalten viel Folsäure und andere Vitamine der B-Gruppe, die für gute Laune sorgen, sowie viel entwässerndes Kalium und Magnesium.
Der Clou an der Avocado ist jedoch, dass sie den Insulinspiegel senkt – und damit auch für ein sinkendes Körpergewicht sorgt. Insulin ist nämlich u. a. für die Umwandlung von Glucose aus dem Blut in einen unschönen Speckgürtel um unsere Hüften verantwortlich. Außerdem verhindert ein zu hoher Insulinspiegel das Sättigungsgefühl und sorgt so dafür, dass man sich doch noch ein zweites Stückchen Torte zum Nachtisch genehmigt …
Bei Heißhunger-Attacken und anderen Diät-Tiefs ist ein kleines Stückchen Avocado daher eine ideale Erste-Hilfe-Maßnahme – und solange Sie nicht täglich mehrere ganze Avocados verspeisen, werden Sie davon auch ganz bestimmt nicht dicker werden.

*

Wir sind immer noch in Mexiko, denn ich kann Ihnen einfach keine mexikanischen Rezepte vorstellen, ohne gleichzeitig von der mexikanischen Lebensfreude und den typischen mexikanischen Fiestas zu erzählen. Die Fiesta mit Freunden, Verwandten und allen Menschen, die zufälligerweise gerade hereinschneien, gehört zu Mexiko wie der Mais und die Tortillas. Wenn man durch Mexiko reist und dabei den Kontakt zu Land und Leuten sucht, wird man mit Sicherheit alle paar Tage zu solch einem geselligen Fest eingeladen – denn dort feiert man die Feste, wie sie fallen, und jedes wichtige Ereignis im Leben wird zum Anlass für eine wirklich große Fiesta mit möglichst vielen Gästen genommen: Geburtstage, Taufen, Hochzeiten, Feiertage und die »Quintañera«, die beim 15ten Geburtstag jedes jungen Mädchens fällig ist, füllen das Jahr mit ziemlich vielen dieser wundervollen Feiern.
Obwohl die Feierlaune in ganz Südamerika weit verbreitet ist, können Sie eine mexikanische Fiesta doch meist sehr schnell an den

besonders schön und farbenfroh herausgeputzten Frauen erkennen, an der typisch mexikanischen Musik und an den bunten Dekorationen. Viele Mexikanerinnen tragen dabei immer noch sehr gerne landestypische, bunt bestickte Blusen, farbenprächtige Kleider und wunderschönen, auffälligen Silberschmuck.
Wenn Mexikaner zum Feiern zusammenkommen, ist eines ganz sicher: Es wird unglaublich viel geredet und gelacht, und vor allem die Frauen schließen den Mund nur, um etwas Essbares darin verschwinden zu lassen – eine Fiesta ohne ein kleines Festessen aus landestypischen Spezialitäten ist nämlich keine richtige Fiesta. Genauso unmöglich ist eine Fiesta ohne jemanden, der zumindest einigermaßen Gitarre spielen kann – zumindest habe ich nie ein mexikanisches Fest erlebt, bei dem nicht früher oder später (meistens früher) aus irgendeinem Winkel eine Gitarre und andere Instrumente wie Trommeln oder Rasseln auftauchten und die ganze Festgesellschaft fröhlich zu singen begann. Und schon nach wenigen Abenden kannte sogar ich die Texte der beliebtesten Volkslieder und Schlager (zumindest so ungefähr). Damit man besser singen kann, wird regelmäßig mit Bier oder auch mit Tequila angestoßen, und wer spätestens nach der dritten Runde noch nicht das Tanzbein schwingt, der ist entweder kein Mexikaner, oder er hat mindestens ein Bein in Gips – denn Tanzen gehört zum Feiern einfach dazu, und auch die Männer lassen sich hier nicht lange bitten …

*

Pozole a la mexicana

Sie benötigen

- 50 g mageres Rindfleisch
- 1 kleine Zwiebel
- 2 Zehen Knoblauch
- 1 mittelgroße Tomate
- 1 EL Olivenöl
- ½ TL gemahlenen Koriander
- ½ l Hühnerbouillon
- 1 TL Tomatenmark
- etwa 50 g Maismehl

Vorbereitung

Als erstes schneiden Sie das Rindfleisch in kleine Würfel, bevor Sie Zwiebel und Knoblauch schälen und möglichst fein hacken. Danach tauchen Sie die Tomate kurz in kochendes Wasser, ziehen die Haut ab, entfernen den Stielansatz und zerkleinern den Rest zu groben Würfeln.

So wird's gemacht

Erhitzen Sie das Öl in einem großen Topf und braten Sie das Fleisch kurz darin an. Dann geben Sie Zwiebel und Knoblauch dazu und würzen alles mit dem gemahlenen Koriander. Gießen Sie danach sofort mit der Hühnerbouillon auf und lassen Sie alles bei geschlossenem Deckel auf kleiner Flamme rund 10 Minuten lang köcheln, bis das Fleisch gar ist. Dann geben Sie Tomate und Tomatenmark dazu und lassen wieder alles ungefähr 10 Minuten lang bei geschlossenem Deckel köcheln. Danach geben Sie langsam und unter ständigem Rühren das Maismehl dazu – das Rühren verhindert, dass sich Klümpchen bilden. Lassen Sie die Suppe unter regelmäßigem Rühren nochmals 15 Minuten lang bei offenem Deckel köcheln. Falls sie dabei zu stark eindickt, rühren Sie etwas Wasser zum Verdünnen unter.

Suppen-Tipp

Je nach Sorte und Ausmahlungsgrad bindet Maismehl unterschiedlich viel Wasser. Rühren Sie daher nur so viel unter, bis die Suppe dick genug ist.

Knoblauch – Die Knolle mit der Wunderwirkung

Am Knoblauch scheiden sich die Geister: während die einen sein würzig-scharfes Aroma lieben und ihn bei jeder Gelegenheit zu sich nehmen, verabscheuen andere schon den kleinsten Hauch davon und vor allem den Duft begeisterter Knoblauchesser … Dabei ist genau der für den durchdringenden Geruch der Knolle verantwortliche Stoff, das Allicin, auch sein wichtigster Wirkstoff: Allicin wirkt antibakteriell und antimykotisch, und ge-

meinsam mit etlichen weiteren Schwefelverbindungen hilft es hervorragend dabei, viele Infektionskrankheiten zu bekämpfen. Knoblauch hilft bei Magen- und Darm-Erkrankungen und beugt gegen Erkältungen und Leber- und Gallenleiden vor. Außerdem senkt Knoblauch den Blutdruck, und er kann Gefäßkrankheiten vorbeugen. Beim Abnehmen ist Knoblauch allerdings vor allem deshalb so interessant, weil er die Fettverdauung in Schwung bringt und den Körper wirkungsvoll entgiftet. Deshalb finden Sie ihn als wichtige Zutat in vielen schlankmachenden Süppchen – und Sie dürfen gerne mehr davon verwenden!

*

Der Knoblauchduft aus der Pizzeria um die Ecke ist Ihnen manchmal zu viel des Guten? Dann sollten Sie lieber nicht nach Anatolien reisen – dort werden die duftenden Knollen in manchen Gegenden nicht als Gewürz, sondern quasi schon als Gemüse verwendet und kommen in für Nordeuropäer fast unerträglichen Mengen auf den Tisch. Allerdings: Die Menschen dort erfreuen sich einer ganz ausgezeichneten Gesundheit – sie scheinen selbst gegen einfache Erkältungen immun zu sein. Wenn auch Sie Knoblauch lieben, sollten Sie unbedingt auch einmal ganz jungen, frischen Knoblauch probieren, der sich noch nicht zur typischen Knolle ausgewachsen hat. Ich habe ihn in Spanien als Ganzes gegrillt und als Zutat für Nudel- und Gemüsegerichte kennen gelernt und fand ihn einfach umwerfend – und zwar im positiven Sinne!

*

Brasilianische Bohnen-Suppe

Sie benötigen

- 50 g grüne Bohnen
- 100 g vorgekochte Kidney-Bohnen aus der Dose
- 1 Zwiebel
- 2 Möhren
- 2 kleine Kartoffeln
- 1 Dose Schältomaten
- 2 EL Olivenöl
- ½ l Gemüsebouillon
- 1 TL Kreuzkümmel, gemahlen
- ½ TL Cayennepfeffer
- Salz

Vorbereitung

Waschen und putzen Sie die grünen Bohnen und schneiden Sie sie schräg in 2–3 cm lange Stücke. Gießen Sie die Kidney-Bohnen ab und brausen Sie sie gründlich ab. Schälen und vierteln Sie anschließend die Zwiebel und schneiden Sie sie in sehr feine Scheiben. Schälen Sie die Möhren und Kartoffeln und schneiden Sie sie in feine Würfel. Nehmen Sie die Schältomaten aus der Dose und entfernen Sie falls nötig die Stielansätze.

So wird's gemacht

Erhitzen Sie das Olivenöl in einem großen Topf und dünsten Sie die Zwiebeln darin an, bis sie glasig sind. Geben Sie die Möhren dazu und braten Sie sie kurz mit an, dann geben Sie die Schältomaten mit ihrem Saft dazu und zerteilen Sie mit dem Kochlöffel. Geben Sie die Kartoffeln und alle Bohnen mit in den Topf und gießen Sie alles mit der Gemüsebouillon auf. Würzen Sie die Suppe mit Kreuzkümmel, Cayennepfeffer und Salz und lassen Sie sie 15 bis 20 Minuten lang köcheln, bis Kartoffeln und Bohnen gar sind.

Suppen-Tipp

Variieren Sie dieses Rezept auch einmal mit anderen Bohnensorten anstelle der Kidney-Bohnen, beispielsweise mit Pinto-, Borlotta- oder schwarzen Bohnen.

Bohnen – frisch und getrocknet ein Genuss

Bohnen sind im Rohzustand gesundheitsschädlich, ihre Toxine werden jedoch durch rund 15-minütiges Kochen vollständig abgebaut, und dann ist der Weg frei für einen gesunden kulinarischen Genuss. Bohnen enthalten viele verdauungsfördernde Ballaststoffe, hochwertiges Eiweiß und Mineralstoffe wie Kalium, Kalzium und Zink. Wer dennoch Angst vor Blähungen hat, kann diese Gefahr mit etwas Kümmel, gemahlenem Koriander oder Bohnenkraut bannen.

Vor der Entdeckung Amerikas waren in Europa nur die so genannten Saubohnen bekannt, die schon im alten Ägypten verzehrt wurden. Die vielen schmackhaften Sorten der Gartenbohne verdanken wir, wie so viele andere leckere Gemüsearten, Kolumbus' Unternehmungsgeist und der Import-Freudigkeit der Spanier.

Grundsätzlich erhalten Sie entweder frische Bohnen, bei denen die Hülsen mitgekocht und -gegessen werden, wie Brechbohnen, Prinzessbohnen oder Butterbohnen, oder getrocknete Bohnen, bei denen nur die Bohnenkerne selbst nach längerem Einweichen gekocht werden. Von den getrockneten Bohnen gibt es unzählige schmackhafte und sättigende Sorten in vielen Farben: dicke weiße Bohnen, bunte Wachtel- oder Borlotti-Bohnen, die in Südamerika verbreiteten schwarzen Bohnen, Azuki-Bohnen und noch viele mehr, die der allgegenwärtigen roten Kidney-Bohne geschmacklich durchaus Konkurrenz machen können.

*

Quinoa-Suppe

Sie benötigen

- 100 g Quinoa
- 1 Gemüsezwiebel
- 2 Möhren
- 1 mittelgr. Kartoffel
- ¼ Bund frischer Koriander
- 2 EL Olivenöl
- ¾ l Hühnerbouillon
- 1 TL Kreuzkümmel
- ½ TL scharfes Paprikapulver
- Salz, Pfeffer

Vorbereitung

Geben Sie die Quinoakörner in ein Sieb und waschen Sie sie gründlich unter fließendem Wasser, bis kein Schaum mehr entsteht. Schälen Sie die Zwiebel, die Möhren und die Kartoffel, schneiden Sie die Zwiebel in feine Würfel und Möhren und Kartoffel in grobe Würfel. Waschen Sie die Korianderblätter unter fließendem Wasser, schütteln Sie sie gut aus und hacken Sie sie fein.

So wird's gemacht

Erhitzen Sie in einem großen Topf das Olivenöl und dünsten Sie die Zwiebel darin glasig. Gießen Sie mit der Hühnerbouillon auf, geben Sie Quinoa, Möhren und Kartoffel hinein, und würzen Sie mit Kreuzkümmel, Paprikapulver und etwas Salz und Pfeffer. Bringen Sie die Bouillon zum Kochen und lassen Sie sie rund 20 Minuten lang köcheln, bis die Quinoakörner weich sind. Rühren Sie dann die fein gehackten Korianderblätter unter und schmecken Sie nochmals mit Salz und Pfeffer ab.

Suppen-Tipp

In den Anden wird diese Suppe statt mit Paprikapulver mit Ají zubereitet, einem schärferen Verwandten aus der Familie der Paprika- und Chili-Gewächse. Wenn Sie dem Originalgeschmack näher kommen wollen, können Sie auch Cayennepfeffer nach Belieben hinzufügen.

Quinoa

Quinoa dient in den Anden schon seit Jahrtausenden als wichtiges Grundnahrungsmittel und wurde bis zum Verbot durch die spanischen Eroberer von den Inkas als heilige Pflanze verehrt. Quinoa ist aber kein echtes Getreide, sondern der Samen der Reismelde, einer entfernten Verwandten von Spinat und Mangold. In Südamerika werden die jungen Blätter der Pflanze auch als Blattgemüse zubereitet. Quinoakörner können wie Reis oder Hirse als Beilage und für Aufläufe, Suppen oder Süßspeisen verwendet werden. Beim Kochen quellen sie auf, und der den Samen umschließende Keimspross wird sichtbar – dadurch ähneln die Körner danach winzigen fliegenden Untertassen.
Quinoa ist mit seinem fein-nussigen Geschmack eine ideale Ergänzung zu vielen leckeren Gemüse-Gerichten – und es enthält wesentlich mehr wichtige Nährstoffe als die klassischen Getreidesorten. Neben hochwertigem Eiweiß, vielen Ballaststoffen und mehrfach ungesättigten Fettsäuren stecken in den kleinen Körnern besonders viele Mineralstoffe, allen voran das entwässernde Kalium. Außerdem enthält Quinoa Saponine, bitter schmeckende, sekundäre Pflanzenstoffe, die den Cholesterin-Spiegel senken, das Immunsystem stärken und vor Krebs schützen – und zwar so viel davon, dass man die Körner vor dem Kochen gründlich abbrausen muss, bis sie nicht mehr schäumen, damit sie danach nicht bitter schmecken.

*

Quinoa und Amaranth habe ich ebenso wie verschiedene Mais-, Chili- und Kartoffelsorten erst näher kennen gelernt, als ich öfter bei einer bolivianischen Familie zu Gast war, die auch in Deutschland so oft wie möglich Gerichte aus den Anden auf den Tisch bringt. Das ist gar nicht so einfach, weil es manche Zutaten hier einfach nicht zu kaufen gibt – aber zum Glück findet praktisch jeder Besucher aus der fernen Heimat genug Platz im Gepäck, um einige Portionen Ají, Chuño, Tunta oder Mote mitzubringen. Jeder Besuch ist daher mindestens ein Festessen wert – und manchmal übernimmt der Gast auch gleich die Küche, um seine Gastgeber mit einer heimischen Leckerei zu verwöhnen.

So war es auch eines schönen Abends, als ich an einem Willkommens-Fest eines Cousins teilnahm, zu dem jede Menge Freunde und Bekannte eingeladen waren und zu dem es eine besonders leckere Eintopf-Spezialität geben sollte. Der Name des Gerichts und die Bezeichnung der Zutaten sagten mir aber zunächst einmal nichts, denn viele Lebensmittel haben in Bolivien Namen aus den Sprachen der Indios, die man in keinem Spanisch-Wörterbuch finden kann (wer sich je im tiefsten Österreich durch eine Speisekarte für Einheimische gekämpft hat, weiß sicher, wovon ich spreche ...).
Weil das Essen einen wirklich köstlichen Duft im ganzen Haus verbreitete, musste ich aber natürlich trotzdem ein Tellerchen probieren – und es war tatsächlich recht lecker. Zwar war das, was ich für das Fleisch darin hielt, seltsam weich – doch da schon genug unvertraute Maiskörner und Trocken-Kartoffeln im Eintopf waren, habe ich mir darüber nicht auch noch Gedanken gemacht. Bis mir später eine Freundin erklärte, dass das seltsame Zeug überhaupt kein Fleisch war, sondern Pansen – also der Magen einer Kuh ... Den kannte ich bisher eigentlich nur als übel riechendes Leckerli für meinen Hund!
Glauben Sie mir: Ich war heilfroh, dass ich diese Details erst einige Stunden nach dem Essen erfuhr, denn ich weiß nicht, wie mein eigener Magen sonst darauf reagiert hätte. Was ich aber weiß, ist, dass es einige Monate darauf noch einmal Pansen-Eintopf gab, den ich diesmal vorgewarnt vorsichtig probierte – und leider habe ich kaum etwas davon hinunter bekommen. Es kann natürlich sein, dass dieses Mal der Pansen deutlicher herauszuschmecken war, aber vielleicht lag es auch einfach nur daran, dass ich nun wusste, was sich da auf meinem Teller befand. Pansen-Eintopf wäre für mich ein absoluter Schlankmacher, weil ich einfach kaum etwas davon essen könnte – aber solch radikale Methoden möchte ich Ihnen bei der Suppen-Diät dann lieber doch nicht zumuten!

Amaranth-Suppe

Sie benötigen

- 1 Möhre
- ½ Stange Lauch
- 1 Zehe Knoblauch
- ½ Bund Schnittlauch
- Salz
- 1 EL Olivenöl
- 100 g Amaranthschrot
- ¾ l Gemüsebouillon
- 1 Msp. Cayennepfeffer

Vorbereitung

Waschen und schälen Sie die Möhre und würfeln Sie sie fein. Waschen und putzen Sie den Lauch und schneiden Sie ihn in feine Ringe. Schälen Sie den Knoblauch und hacken Sie ihn fein. Waschen Sie den Schnittlauch, schütteln Sie ihn gut trocken und schneiden Sie ihn in kurze Röllchen.

So wird's gemacht

Erhitzen Sie das Olivenöl in einem Topf, geben Sie Möhre, Lauch, Amaranthschrot und Knoblauch dazu und braten Sie alles unter ständigem Rühren kurz an. Dann gießen Sie ebenfalls unter Rühren langsam mit der Gemüse-Bouillon auf und bringen die Suppe zum Kochen. Würzen Sie sie mit Salz und Cayennepfeffer und lassen Sie die Suppe etwa 15 Minuten bei schwacher Hitze köcheln, bis der Amaranth gar ist. Vor dem Servieren bestreuen Sie die Suppe großzügig mit Schnittlauchröllchen.

Suppen-Tipp

Amaranth sollte geschrotet oder gemahlen nicht zu lange aufbewahrt werden, da seine Fettsäuren ihn schnell ranzig werden lassen. Am besten ist es, wenn Sie ihn zum Beispiel in einer Kaffeemühle (nicht zu fein einstellen) immer erst kurz vor Verwendung zerkleinern.

Amaranth

Amaranth ist wie Quinoa kein echtes Getreide, sondern die Körnerfrucht eines aus Südamerika stammenden Fuchsschwanz-Gewächses. In den Hochkulturen der Mayas, Azteken und Inkas war Amaranth neben Quinoa das wichtigste Grundnahrungsmittel. So unscheinbar klein diese Körnchen sind, so groß ist nämlich ihr Nährstoffgehalt: Amaranth ist reich an hochwertigem Eiweiß, er liefert wichtige essentielle Aminosäuren, enthält hochwertige ungesättigte Fettsäuren vom Omega-3-Typ, und auch sein Gehalt an Mineralstoffen wie Magnesium, Kalzium, Kalium und Eisen übertrifft bei weitem den aller anderen Getreidesorten.

Am besten schmeckt Amaranth, wenn Sie ihn nicht einfach nur mit Wasser kochen, sondern zuerst kurz mit einer fein gehackten Zwiebel andünsten und dann mit Gemüsebouillon aufgießen und fertig garen. Besonders lecker ist auch aufgepoppter Amaranth, den Sie inzwischen in den meisten Bioläden bekommen – er kann direkt für Müslis oder Süßspeisen oder gemischt mit anderem Getreide für außergewöhnliche Bratlinge verwendet werden.

Falls Sie jemals mit Amaranth backen wollen, müssen Sie wissen, dass die Körner keine Spur des so genannten Klebers enthalten, der normales Getreidemehl zu leckeren Teigwaren zusammenbacken lässt – reines Amaranth-Gebäck würde weder zusammenhalten noch aufgehen. Die Bäckerei gelingt daher nur, wenn Sie Amaranthschrot oder Amaranthmehl mit anderem Mehl mischen, zum Beispiel mit Dinkel- oder Weizenmehl.

*

Argentinische Linsensuppe

Sie benötigen

- 1 Tasse Linsen ((Menge))
- 2 Knoblauchzehen
- 1 TL Koriandersamen
- 1 EL Olivenöl
- 2 TL Mehl
- 1 TL Salz

Vorbereitung

Spülen Sie die Linsen unter fließendem Wasser gut durch und lassen Sie sie in einem Sieb abtropfen. Schälen Sie die Knoblauchzehen und zerdrücken Sie sie mit der Knoblauchpresse. Dann geben Sie den Knoblauch mit den Koriandersamen und dem Salz in einen Mörser und zerkleinern alles gründlich, bis eine gleichmäßige Paste entsteht.

So wird's gemacht

Geben Sie die Linsen mit 1 l Wasser in einen Topf und bringen Sie das Wasser bei schwacher Hitze zum Kochen. Decken Sie den Topf zu und lassen Sie sie langsam weiterköcheln. Erhitzen Sie dann das Olivenöl in einer kleinen beschichteten Pfanne, geben Sie die Knoblauch-Koriander-Paste hinein und rösten Sie sie leicht an. Geben Sie die Paste danach zu den Linsen, rühren Sie sie gut unter und lassen Sie alles weiter köcheln, bis die Linsen weich sind – das kann je nach Sorte zwischen 30 Minuten und 1 Stunde dauern. Wenn die Linsen gar sind, verrühren Sie das Mehl in einem Glas mit etwas kaltem Wasser und geben es dann zu den Linsen. Rühren Sie es gut unter, bis die Suppe andickt, schmecken Sie sie mit Salz ab und lassen Sie sie noch einmal aufkochen.

Suppen-Tipp

In Argentinien werden zu dieser Linsensuppe immer ein Schälchen mit gemahlenem Kreuzkümmel und ein Schälchen frisch gehackte Chilischote serviert – so kann sie jeder ganz nach seinem Geschmack würzen.

Linsen – erstklassige Eiweißlieferanten

Linsen wurden in Europa lange Zeit als Arme-Leute-Essen betrachtet und spielen in der Küche leider immer noch eher eine Nebenrolle, während sie in anderen Ländern wie vor allem Indien und auch in Südamerika wegen ihres hohen Nährwerts recht häufig auf den Teller kommen. Nach der Sojabohne ist die Linse nämlich die eiweißreichste Hülsenfrucht, und mit ihren vielen verschiedenen Sorten bietet sie auch geschmacklich einiges an Abwechslung. Je kleiner die Linsen sind, desto intensiver ist ihr Geschmack, und bei verschiedenen Sorten kann man sich sogar das zeitraubende Einweichen sparen.

Im hohen Eiweiß-Anteil der Linsen stecken viele wichtige und teils essentielle Aminosäuren, so dass Linsen vor allem für Vegetarier ein idealer Nährstoff-Lieferant sind. Außerdem enthalten sie viel Eisen, das besonders für die Blutbildung von großer Bedeutung ist. Als Diät-Mahlzeit eignen sich Linsen dagegen deshalb so gut, weil sie besonders viele komplexe Kohlenhydrate enthalten, die vom Körper nur langsam abgebaut werden und deshalb lange satt machen.